全国小学生校园美文精品集萃丛书

七色阳光
小少年

# 在细微的爱里

《语文报》编写组 编

时代文艺出版社

图书在版编目（CIP）数据

在细微的爱里 / 《语文报》编写组编. —长春：时代文艺出版社，2018.8（2023.6重印）

（"七色阳光小少年"全国小学生校园美文精品集萃丛书）

ISBN 978-7-5387-5942-6

Ⅰ.①在… Ⅱ.①语… Ⅲ.①作文－小学－选集 Ⅳ.①H194.4

中国版本图书馆CIP数据核字（2018）第145330号

出 品 人　陈　琛
产品总监　郭力家
责任编辑　曾艳纯
装帧设计　孙　利
排版制作　隋淑凤

# 在细微的爱里

《语文报》编写组　编

出版发行 / 时代文艺出版社

地址 / 长春市福祉大路5788号　龙腾国际大厦A座15层　邮编 / 130118
总编办 / 0431-81629751　发行部 / 0431-81629758
官方微博 / weibo.com / tlapress
印刷 / 北京一鑫印务有限责任公司
开本 / 700mm×980mm　1 / 16　字数 / 153千字　印张 / 11
版次 / 2018年8月第1版　印次 / 2023年6月第5次印刷　定价 / 34.80元

图书如有印装错误　请寄回印厂调换

# 编　委　会

主　　编：刘应伦

编　　委：刘应伦　　赵　静　　李音霞

　　　　　郭　斐　　刘瑞霞　　王素红

　　　　　金星闪　　周　起　　华晓隽

　　　　　何发祥　　朱晓东　　陈　颖

　　　　　段岩霞　　刘学强

本册主编：张和忠　　陈　燕

# 目 录

001

## 掌声响起

## 默默坚守着

## 从这儿出发

## 鸟鸣依旧否

## 今夜静悄悄

## 在春天里

## 往事悠悠

　　我连忙帮老师打起伞，老师又好几次把伞向后推，说："别给我打了，你自己遮好就行，你已经发烧了。"我不再固执，我靠着老师那有些伛偻的背，觉得这段路是那么美好！我的泪水渐渐地模糊了双眼。

# 那辆老式自行车

吴迪宸

自行车可以让人锻炼身体，自行车可以成为代步的工具，哦，自行车上还载着浓浓的师生情！

那天下午，窗外乌云密布，不时下些小雨。教室里正上着数学课，老师正讲着一个复杂的题目，终于下课铃响了，老师放下书本，发了一句话："下节体育活动课，先写作业，不下雨了就自己到操场活动去！"大家个个是奋笔疾书，我却一点儿劲儿也提不起来，身上阵阵发冷，结果拖拖拉拉的，成了教室里为数不多的作业没写完的人。

原本在讲台上批作业的老师，抬起头来，大概他也感觉很奇怪：平时这个皮王怎么还没出去玩呢？他走了过来，一摸我的额头，眉头紧锁，说："肯定是发烧了，头这么烫！"老师急匆匆地跑出教室，回来的时候又带了条毛巾小心地敷在我头上，还帮我倒了一杯热水，让我先在座位上休息！然后他到教室外面打起了电话，我看着他的背影，我的老师尽管是五十多岁的人了，但为学生做起事来，总是那么利索。

我看见他在教室走廊里拨了几次电话，但都没人接，他焦急地踱来踱去，最后一跺脚，走进教室，说："跟我走，我送你回家！"然后果断地帮我收拾起东西来，他把我的书包往肩上一扛，拉着我的手就往校门口走。

　　我的老师每天都是骑着一辆破旧的老式自行车来上班，我们平时背地里还笑话过他呢，说是"我们的老古董跟他的老古董倒是挺配的！"可如今我坐在这"老古董"上，却一点儿也笑不起来。老师奋力地踏着车子，我清楚地看见他背上的汗水把衬衫渐渐湿透。突然外面又下起了小雨，我连忙帮老师打起伞，老师又好几次把伞向后推，说："别给我打了，你自己遮好就行，你已经发烧了。"我不再固执，我靠着老师那有些佝偻的背，觉得这段路是那么美好！我的泪水渐渐地模糊了双眼。

　　好不容易到家了，他嘱咐我快些到床上休息，等爸妈回来要记得打个电话给他，然后又骑着那辆破旧的老车哐当哐当地走了，我知道，他还得赶回去给同学们放学呢。

　　如今我的老师仍然骑着他那部破旧的老式自行车上下班，但我每次看见它，再也不觉得它破旧难看，因为它的主人留给了我那样温暖的回忆。

# 卖烧饼的人

王月缘

　　当花儿叶子上的晨露未干的时候，当天空中刚刚出现朝霞的时候，我家门前那条街上的烧饼店里，已经飘出阵阵诱人的香味。

　　每个星期天早晨，妈妈总会去那家店里买几块烧饼。烧饼是榨菜馅的，里面还加了肉松和少许油渣。闻一闻，香喷喷，让人直流口水；咬一口，脆酥酥，恨不得一口吞进肚去。

烧饼店的主人是个老爷爷，瘦瘦的身材，黝黑的脸庞上眼窝深陷。他做烧饼的技法很娴熟。只见他从盆内取出一块面团，揉了一会儿，把面团搓成长条，再把它们揪成一小团一小团的。然后取了些油酥、榨菜、葱和进面团，用他手中的擀面棒，把小面团擀成圆饼，在面饼上粘上芝麻，再将它们逐个放进炉内，等炉子内有香味飘来时，那诱人的金烧饼就制成了。

烧饼师傅不仅有一身的手艺，还有一颗善解人意的心。有一次，我满心欢喜地跑过去，迫不及待地对他说："爷爷，来一个烧饼。"可当烧饼出炉时，我发现钱丢了。当他把烧饼递给我时，我一着急，竟什么也说不出来。他看出了我的心事，笑着对我说："钱丢了吧，没事儿，这烧饼就当是我送给你的。"我感激地看着他，一股融融暖意传遍全身。

从此，每当我看到烧饼时，总会想到那位勤劳而又善良的烧饼师傅。

004

# 他 来 了

刘书豪

他来了，肥硕的身子，圆圆的脑袋，手左右摇摆着，左脚、右脚，有点儿笨拙地奔跑着，一副小眼镜戴在脸上，那样子别提有多逗了。

　　大家一见是虞嘉辰，立马四处逃窜，我也机灵地躲了起来，并远远地看着他。而原本闹哄哄的小店门口就只有虞嘉辰的声音了，只见他笑眯眯的，斜歪着眉毛说道："刘能，给点儿东西吃！"还没等那人反应过来，他那利索的手就伸向了那人的食品包装袋，迅速地捞了一大把，一起塞进了嘴里。我看着虞嘉辰一边"滋吧滋吧"地嚼着食品，一边时不时地用手擦拭嘴边的油渍，心想"一场暴风雨又要来临了"！可还没等到那人与他发飙，虞嘉辰那犀利的目光却又向四周扫了过去，好像一架打开了电源的激光炮随时准备横扫千军的样子。

　　想到刚才刘能被打劫后的凄惨模样，我迅速地将伸出去的头缩了回来，并不自觉地往后退了几步，生怕一个不留神，被他发现。虞嘉辰环顾四周，发现不知什么时候同学们一下子几乎都不见了，也只好坑起了他的同伴——陈玉龙。他将陈玉龙才买的东西以迅雷不及掩耳之势抢了过去，撕开了包装袋，抓了一把，扔进了嘴里，整个动作精练无比，一气呵成，没有丝毫拖泥带水。而此时陈玉龙虽然双手握拳，一副可以杀人的眼神，但是也只能边跺着脚边喊道："你这人怎么会这样，又来了。"这时上课的铃声响了，虞嘉辰这才舔了舔自己的手指头，心满意足地走进了教室。

　　在校园里，只要听到虞嘉辰来了，我们就会意识到麻烦来了！

# 一颗蒜头

姚钰绮

回家的路上我早就饿了，一进门，接过妈妈递过来的面包，一口咬下去，又迅速地吐了出来，冲妈妈叫道："这面包上有什么味道啊，真恶心！"妈妈红着脸，轻声地说："你最近感冒，我想弄点儿蒜泥夹在面包里给你吃，可以杀菌的……"还没等妈妈说完，我就气鼓鼓地把面包往桌上一放，拎起书包往房里走去，空留下妈妈一个人站在客厅里。

过了不久，该吃晚饭了。也不知是什么原因，我整个人就像被捆上了一捆炸药，只要导火线一引燃就爆炸了。我木然地走到餐桌旁，望着满桌的菜，一点儿食欲也没有。我皱起了眉头，可是这细微的动作没有逃过老爸的眼睛，他一摔筷子，叫道："不吃就不吃，难道还要巴结你，求你吃？"这下好了，导火索被引燃了，我立即放下筷子，跑进卧室，锁上房门，坐在书桌旁生着闷气。

"丫头，出来吃饭吧，别饿着了！"妈妈在外喊着。

"不吃就不吃，求她干什么，我没打她就不错了，有本事一直都别出来。"在爸爸的责骂声中妈妈不说话了。

不知不觉中，我的眼泪下来了。我一边哭，一边对着门说："你们都不疼我，一天到晚就知道骂我，让我学习，除了学习还是学习！"

　　就这样，我在卧室里待了三个小时，将房门锁了三个小时。在这三个小时里，妈妈来敲过无数次的门，每次敲门的时候都会说："不要赌气了，不要把自己的身体不当回事，出来把晚饭吃了吧！"而我则以沉默或是"等下"敷衍了事。慢慢地，敲门的次数少了，最后没有了。

　　后来，我实在饿得吃不消了，但碍于面子，不好意思叫妈妈，只好自己偷偷地溜进厨房。刚到厨房门口，就又闻到那股令人作呕的大蒜味，我捏住鼻子，踮起脚，朝里面望着。突然，一颗剥了一半的大蒜头进入了我的视野，"依老妈的性子，它应该在冰箱里啊，怎么会放在这里？"我边想边走过去，拿起那颗蒜头端详起来，天哪！这蒜头上有血！

　　一定是妈妈，是她剥蒜头都剥出血了！想起刚进门时妈妈说的话，我的鼻子酸了，我的眼睛模糊了，再想想自己刚才的举动，我的心痛了。我默默将这颗蒜头洗净后放到灶台上。

　　这颗蒜头使我流下了感动的泪，更使我流下了愧疚的泪。

# 等　待

郑　杰


　　"到底怎么了？怎么还不来，急死人了！"

　　寒风中我蜷缩着身体，不停地抱怨着。我开始后悔，不该答应和爸爸来置办年货，要是在家待着该有多好啊！

"等急了吧，嘿嘿。"不知什么时候，爸爸悄然出现在我的面前。我掉头没有理他，大步走向他的摩托车。

"生气啦，咋不说话呢？"

"我快冻死了，你怎么才来。"我指着潮湿的裤脚嘲他大吼。爸爸急忙放下东西，笨拙地弯下腰，摸了摸我的裤脚。那一刻，我有点儿懊悔刚才粗暴的行为。

"走，我们去买条新裤子，然后你去洗个澡，反正我们不急着回家。"他立刻拉起我的手，走向对面的服装店。他的手是那么的凉，我想他一定是忘了戴手套了。他小心翼翼地呵护着我，生怕我在结冰的地面摔倒。

"你怎么出来了，不是让你去洗个澡吗？"他不解地问。

"里面的人太多了，明天和妈一块来吧。""那不行，明天还会有雪，你这样会感冒的。快去，我在这儿等你，我们不急着回家。"我只好转身又走进了浴室。

终于洗完了，走出浴室时吃了一惊，天已经有点儿黑了。我慌乱地找着爸爸的身影。在小院的廊檐下，爸爸坐在那里居然睡着了。我开始懊悔听了他的话。摩托车上已经落了一层雪，爸爸的脚上也落了一层雪，不知道会不会渗到鞋里。我轻轻地弯下腰，为他拂去头发上的雪花，他却立刻被我惊醒了。

"洗好啦。哟，天都黑了，快回家吧，你妈该着急了。"

"爸，冷吗？在这里睡觉冷吗？"

"没有啊，我没睡，这不，你一出来我就知道了。"他一脸错愕，像个做错事的孩子，起身擦拭车上的雪。我站在他身后注视着，不知不觉一股暖流涌上了我的心头。我怎么忘了，爸爸从打工地上海，一路辗转，今天早上刚到家；我怎么忘了，路上为了省点儿钱，连一顿热饭都舍不得吃；我怎么忘了，他这么辛苦还不都是为了我。

而我却做了什么，只知道抱怨，就因为等了一小会儿。

他对我的关爱远远多过对自己的爱，这么多年的不等号，我却从未发现。爸爸，今后的日子里，我会把不等号改为等号，让我来呵护你吧！

# 心中的最美季节

王一朵

"小荷才露尖尖角，早有蜻蜓立上头。"随着气温的高升，夏姑娘迈着轻盈的小碎步，转着圈儿来到我们的身边。"呼"的一声，四周似乎全都充斥着她的气息了。

我不爱春，因为它细雨绵绵，太过矫情；我不爱秋，因为它落叶纷纷，太过悲凉；我不爱冬，因为它白雪皑皑，太过肃杀。而夏天，它却是热情的，积极的，向上的！她挥动着衣袖，炽热的温度似乎要把所有的阴郁都一扫而光。

夏天的阳光比以往要更加强烈，一切都被渲染上一层金色，大街、天空、视线之中到处是一片金黄，连呼吸的空气中，都带着一份炽热。像是回应夏的热情似的，万物都爆发出极强的生命力。你看，那大树的枝头春天还稀稀疏疏，此时已绿叶遍枝，在地上投下一片阴影，人也不例外，都在一个劲儿地疯长着，正如郭沫若在《石榴》中所写的："夏天是整个宇宙向上的一个阶段，在这时使人的身心解脱尽重重的束缚。"

再炎热的夏天，也存在着清凉的荷塘。在乡村，在公园，池塘中，总有一片荷花荷叶，虽比不上杨万里的"接天莲叶无穷碧，映日荷花别样红"，但却另有一番风韵。娇嫩的荷花是夏天的精灵，看她在池塘中的婀娜的身影，她以池水为台，荷叶为幕，轻舞罗衫，挥动衣袖，为我们展现夏的魅力，使人为之陶醉。

夏天的人儿是快乐的，游泳池里飞溅的水花儿，每一朵都洋溢着大家的欢声笑语。红的，蓝的，花色的裙子，在夏天形成了一道亮丽的风景线。在炎炎的夏日，来上一片冰凉的西瓜，咬出一心的清爽，是多么惬意而享受的事情啊！

哦，夏天！我为你高歌！你是我心中最美的季节！

# 我喜欢的冬天

李静怡

孟浩然颂春："春眠不觉晓，处处闻啼鸟。"杨万里赞夏："接天莲叶无穷碧，映日荷花别样红。"杜牧爱秋："停车坐爱枫林晚，霜叶红于二月花。"

我喜欢冬天。

虽然不像春天那样生机勃勃；不像夏天那样热情潇洒；不像秋天那样硕果累累，但冬天却有着其他三季所没有的神秘、洁白和梦幻。

冬天，没有春、夏、秋的百花齐放，但在一片素白中，在寒风中，却铸就了苍翠欲滴的松树，百折不挠的竹子，以及"凌寒独自开"的梅花。冬天，虽然百花凋谢，树叶落尽，但被那白雪一覆盖，顿时让人觉得"忽如一夜春风来，千树万树梨花开"。令人赏心悦目。

冬天是属于雪的。冬天到来时，朵朵雪花漫天飞舞，不一会儿，便是一个纯洁，梦幻的世界，整个世界银装素裹，令人眼前一亮，不由陶醉于这个美好的世界。雪花挂满树枝，光秃秃的树枝变成了银条；雪花飞进小河，河面似乎被白纱覆盖，如烟如缕；雪花落到田野里，为田里的农作物盖上温暖的被子；雪花飘到森林里，像是母亲一般，轻声哄着孩子入睡。

"瑞雪兆丰年，来年定是个丰收年！"

我爱冬天，因为冬天的纯白无瑕，因为冬天的神秘梦幻，因为冬天奉献着自己，造福着人类。

# 珍　惜

杜　明

总觉得珍惜这个词离我似乎很远，天天吃着妈妈做的三餐饭，背着书包去上学，总是认为没什么值得珍惜、留恋的。但有两件事却让我改变了看法。

那天天气不错，太阳很早就出来了。我坐在窗边读着书，这时，同桌告诉我："看走廊里！"我奇怪了，走廊有什么好看的，但却禁不住看了一眼。是的，走廊上没有人，十分宁静，我再次拿起课本，心思却收不回来了。于是我再看一眼：静悄悄的走廊上，晨曦洒在明净的玻璃窗上面，映出无数个小太阳，点点的金黄落在走廊上，走廊被映成了金色，护栏的影子错落有致地列成行，真美啊！我又拿起课本，眼前的字迹却模糊了。我禁不住又向外看了一眼，宁静、祥和的气氛令我心醉。太阳光橘汁般洒满了天空，洒在了护栏上，像艺术家手下绚丽的图画。"铃——"下课了，我放下书跑出去，走廊上已有了许多人，我又不再觉得美了。我也奇怪，平平常常的走廊我怎么会认为它美呢？

中午回家，妈妈一个电话打来，说中午不能回家，要我自己做饭。没法子，自己做吧。我忙乎了一中午，做出的东西自己都难以下咽。我愣住了，想着平时妈妈做饭我总挑肥拣瘦，现在想来它们并没有难吃到那种地步。

这时候我又冒出了一个可怕的想法：万一妈妈不会再为我做饭，我又去怨什么呢？我平时总觉得爸爸妈妈为我准备好饭菜是天经地义的，却不懂得珍惜那一份情。这倒让我突然想起早晨的走廊了，我平时只顾在走廊上打打闹闹，却不懂得欣赏那一瞬美丽的景色。

今天的生活中，其实是有许许多多的东西去值得我珍惜的，友情啊、亲情啊、风景啊。也许它们很普通，可就是这些普普通通的东西，失去了，我会后悔，甚至落泪。既然知道了这些，我就应从现在起体会生活，热爱生活，不该为了一点儿不顺心的事去否定它。我想：可能，明天会更美的！

012

# 黑 的 魅 力

张嘉鑫

"嗒"，一滴墨水落入水中，如一团下坠的黑丝球，直冲水底，又如核弹爆炸后的蘑菇云，如烟、如丝、如云，一丝丝一缕缕渗透着黑的光辉黑的文雅黑的千丝万缕；如王羲之的龙飞凤舞，苏轼的笔走龙蛇，李白在酝酿着的一首千古绝唱。

黑色在水中穿梭、飘荡，似乎在杯内正有狂风暴雨，似乎又有汹涌波涛，如夜幕降临，孕育着黑丝绒的美丽。黑色形成了一股青烟，扶摇直上，似乎杯口还冒着浓浓的黑烟。又如龙卷风卷着大地，飞沙走石，昏天黑地。那姿态似乎要吞没一切，掩盖一切。

013

黑色终于慢慢垂下了，那么直，那么直，像几千万根细小的丝线，从顶端直达杯底，是否是潜水员系着它潜在水底摸索黑龙呢？看，一股黑色风驰电掣般地冲上来了，像闪电一般，它急着去干吗？水面上的一条却直冲下来，凶神恶煞地张开大口，它想吞掉什么？那不稳的脚步怎么这么像喝醉了酒的李大诗仙呢。

渐渐的黑色失去了原先的猖狂，变成了柔和的灰黑，但王羲之尚在、苏轼尚在、李白尚在，他们仍在吟诗作画呢。

又一滴下去了，它张牙舞爪，直砸水底，蓦地升起。啊，"飞天"！不，是嫦娥！看，那美丽的少妇轻盈地向上，向上，黑色的丝带随风舞动。不，还不对，那不正是一朵清雅的墨菊吗？湿漉漉的花瓣像新生儿卷曲的乌发！不是吗？

黑的魅力呀！

# 水 与 墨

顾 涵

自认为，蓝与白的结合是这天地间最纯的颜色。一杯清水，透明清澈，极富干净与冷艳之美。一滴墨水，蓝如琥珀，深邃悠远。这深沉与质朴的结合，铸就了天底下独一无二的渲染。

一滴墨水，自空中落入水面，毫无半点儿声音，只这一眨眼的工夫，穿透水面，那一滴墨水瞬间分出层次，延伸出一条长线。这水墨勾勒的粗细线条，分明中带着纵横交错。这一条条缎带，随韵律悠然摆动，舞尽其华美。这墨水瞬间绽放成一朵兰花，含苞待放后变为绚丽开放的，它那花瓣润如玉，白如绢，轻如纱，片片如蓝水晶雕成的花瓣，白中透着蓝，仿佛闻到了它的清香。很快，这墨水延伸出线条的底端，继而扩大为一个圈，慢慢沉淀至水底，与清水完美融合。留下这条条丝带，这蓝与白相交的慢慢向水底延展，便停在水中，仿佛女孩子们洗过的头发披散下来，活像一支艳丽动人的凤尾，带着独特的山林气息。就这样停留，此时水中的一切都成为凝固的艺术。这水与墨的结合，像极了青花瓷的神韵美与古典美。

是啊，这蓝与白，莫不是青花瓷的本色与真善之美，无处不渲染着中国的传统文化，无处不流露着中华儿女最坚贞的信仰。这颗心只有在清澈的水中才能找到最好的归属，无论水变得多么浑浊不堪，它永远保持着同一姿态，无论是在物欲横流的今天还是不可预知的未来，它都不曾改变，它与这一切完美融合，却又不忘自己最初的信仰。这蓝与白的结合，恰恰造就了这青花瓷般的意境。无论你是轻轻地摇动，还是慢慢地搅动，这一条条线条依然保持着原状，像盛开的菊花，又似瀑布一般。

若世间的人能如这水中之墨，便是极好的了。

# 水 中 墨

孙恺文

我把你滴入水中，然后看着你缓缓形成新的自己。

千丝万缕深色的你让水显得苍白而无力，你看似随意地让身体千变万化，你让你的每一部分都随水流动。你在追求什么？你想到哪里去？

你在慢慢变淡，你已渐渐接纳了水。你似乎已停止了运动，但其实，清逸的你还在坚持着，等待着。我不想看见你"消失"，虽然我知道你只是溶于水。你已定格成一幅画，一幅立体的油画。你出自谁之手？

你的灵魂溶入了我的心中，我听见了你的心跳。你仿佛在等待一个适当的时机冲出这玻璃的约束——不管结果如何。

可是，你没有冲，你没有显示你的力量，你只是……消失了。

你还在我心中，你还在坚持，你还在等待。

像你这样高贵的、中庸的、毫不张扬的人或物，有没有呢？

真的，我又看见你了！

# 神奇的杯中世界

沈　琳

天黑了，我坐在台灯下，望着灯下的一杯自来水痴痴地发呆。它映着天蓝，带着银光，显得是那么可爱。咦？怎么我以前从没注意到一杯水的魅力呢？那水真清啊！我仿佛看到了美丽的青藏高原，神奇的九寨沟，那儿的水清澈、冰凉，淙淙流淌，好美啊！这水，宛如一幅画卷，把我深深地吸引住了，我默默地注视着、凝望着、幻想着……

突然，一个念头蓦地在我脑海中闪过，我站起来，拿出我心爱的钢笔，开始了我的奇思妙想。

我旋开笔盖，对着杯口，小心翼翼地挤出一滴墨水。"嗒"墨水一下子跌进了深渊中。忽地，犹如一头被吵醒的雄狮，发起怒来，它生气地抖起身子，肆无忌惮地伸展腰肢，接着便暴怒地旋转起来，向下、向四周搜索着，探寻着，似乎要揪出那个吵醒它的美梦的人。最后，竟然直立起来，握紧一个个爪子，向周围一阵拳打脚踢，狂轰滥炸。许是困倦，许是宽恕，过了一会儿，这头狮子终于平静下来，慢慢地，慢慢地趴下来，温驯得像只绵羊，又继续沉睡了。

它的尾巴，它的皮毛，悠闲地摇摆着，好似一支催眠曲，轻柔的曲调环绕在它的周围，盘旋着，好似白云对蓝天的眷恋之情，久久不肯离去。那婀娜多姿的身躯，又宛如蓝色水藻，纤细、柔嫩的手臂，在水中随波漂浮着、荡漾着，许是比美，许是欢舞……

渐渐地，渐渐地，雄狮已完全进入了梦乡，它的尾巴缓缓低垂下来，只是无力地晃着。或许是梦见了漂亮的森林吧！或许是梦见了可口的食物吧！或许是梦见了王位吧！想不到，沉睡中的狮子竟变得如此温柔，如此可爱。

我陷入了美好的幻想中……

# 那次不欢而散

陈　晶

妈妈不知道从哪里得来的信息，说是体育馆有什么水上乐园，兴冲冲地拉着我、陈莹还有一个表姐一起去，泳镜、泳帽、泳衣收拾好了，等到我们一个个提着包到达目的地之后，才知道被骗了……竹篮打水一场空，垂头丧气地原路返回，可是，我们三个谁都不想回家，一致拖住妈妈，想在外面多待一会儿。"还想去哪儿？"妈妈看着我们转个不停的眼珠问道。"去游泳吧。"陈莹首先提议。这下，我和表姐眼睛一下子亮了。游泳？今年，还是第一次呢。我们三个一下子就同意了这个提议，"好啊，好啊，去游泳啊。"哪知妈妈一下子就否定了，"不行不行，这个天游泳会感冒的。"

"这算什么理由啊！""就是，明显就是推脱不想带我们去。""哼，真是的。"妈妈的话如同石头投进了大海之中，我们三个像炸开了锅，愤愤不平地碎碎念着。可是妈妈呢，脸一横，坚决不同意，还摆出一副我就不准你们去，能把我怎么着的样子。"哎哟，妈妈你看，我们泳衣什么都带来了嘛，就去游泳吧。"见施威无效，我只能放下脸来了。妈妈斜睨着我："再带回去好了。"这边陈莹凑上来了："妈妈，就让我们去这一次吧，以后，以后一定都听你的。"可是，妈妈毫不为之所动，一脸坚决："不可以！"

这下子，我们再没了耐心，就这么和妈妈杠上了，坚决要去游泳。僵持许久，妈妈有些许动容，商量着："要不，回家不让你们写作业？"不行！我们摇摇头，一副坚决不从的样子。心里，却开始乐了，看来，妈妈马上就要缴械投降了，胜利在望啊！

我们暗自窃喜，妈妈却也精明得很，就像洞悉了我们的想法，幽幽地说："那就算了吧，各自回家吧。"这话，像给只等好戏看的我们，浇了一盆冷水。

不由分说，便被妈妈拎上了车，再也没有任何谈判的余地。

那次，不欢而散……

# 我 很 忙

左之盈

"哐当——"随着玻璃杯刺耳的破碎声，整个客厅都变得极其静谧。

母亲盯着满地晶莹的碎片，怯怯地抬起头，小心翼翼地望向女儿，女儿一脸漠然，仿佛刚刚那个玻璃杯不是她打碎的。

"女儿……"她轻声嗫嚅，眼神撞见女儿冰冷的脸色，又低下头，咽回刚才的话。女儿一把抓过沙发上的包，急躁地想要起身离开，她慌忙哀求："再待一会儿吧。"女儿没有坐下，俯视她："还有什么事！"不耐烦显而易见。

她像个做错了事的孩子一般，攥着皱皱巴巴的衣角："你真的不能来照顾你爸吗？"她眼角看向轮椅上傻傻的丈夫，他的头毫无力气地偏向一边，嘴角好像还挂着口水，她一脸心疼与无奈，仔细拿出手帕，轻轻为他擦拭。

"妈——"女儿拉长了声音，烦躁地坐下，"我和你说过多少遍了，我工作很忙，一天下来很累，哪有精力再来照顾爸啊！"她瞟了一眼父亲，补充了一句："再说了，还有大姐和哥呢，那么多钱我哪有？"说到最后一句她声音小了下去。

"可是，女儿，上次的医疗费都是你大姐出的呀！你的生活条件比你大姐好多了。"母亲急急地抓住她的手，看着紧紧抓住自己的那瘦骨嶙峋的、满是皱褶的手，她粗暴地拉开，声音不知不觉变得尖锐起来："你还是这么偏心！"母亲慌了，不知所措地："不是的，不是，你别误会，我没有要你一定要来照顾你爸。"女儿听了，身子缓下来，面无表情地看着母亲。"女儿，你能常来看看我们吗？"她的声音里，有哀求，也有希冀，她一脸期望地看向女儿。一阵沉默，空气尴尬地凝固。

"妈，我说最后一遍，我——很——忙——"最后一句她几乎是喊出来的，像利器划过玻璃的声音。

母亲不可思议地看向暴躁得像头狮子的她："女儿……"

不等母亲说完，她打断了她的话："就这样吧，等什么时候有空了我再来看你们。"快步走向门口。重重关上铁门的声音隔断了母亲痴痴追随她的目光。

客厅又恢复了平静，她呆呆地低下头，看着一地碎片，晶莹的光折射在她苍老的面容和花白的头发上。

她不明白，明明一开始很开心的谈话，为什么会这样不欢而散呢。


# 对　　峙

周　朵

020

好不容易没有人出去散步，没有人守在电视前，我们姐妹三个各自搬了张椅子，头碰头地聚在一块儿谈天说地。

"知道吗？我在新闻上看见一件特别好玩儿的事！"此话一出，旁边的两个人立刻来了兴趣，眼神齐刷刷地扫过来，我手舞足蹈声情并茂地把自己看见的乐事儿说出来，两人已是捂着肚子"咯咯咯"地笑着说肚子疼了，桌上摆着的茶杯热腾腾地冒着白气，空气里满是快活的味道。

我正为自己制造的效果感到得意呢，旁边的妹妹也来了灵感："对了，对了，上次我看见……"眼见了听众都转移了注意力，我很不高兴，便未等她说完就插嘴道："这有什么啊，我还见过比这更好笑的呢！"妹妹的话说了一半被我直直地堵了回去，脸放了下来："我在说话呢！"我瞥了她一眼，心想我说完了再让她说吧。又继续滔滔不绝。"你怎么这样！让我说完了不行吗?"妹妹的声音提高了八度，夹杂着怒气的语气显得格外地刺耳突兀，房间里立刻安静了下来。

听着秒针的嘀嗒声，未说完的话憋在心里的滋味可真不好受，于是我又试探着开始继续刚才的话题，只是被这样一打断，早已没有了刚才的兴致，说了一半，声音也渐渐小了下去，最后也不高兴继续讲这个故事了，责怪妹妹："你看你！这么急干什么? 真是的。"

妹妹跳了起来，扯高嗓门儿嚷嚷："怪我干什么? 你要是不打断我，我会这样吗?"本来被扰了兴致心里就堵得慌，加上妹妹的大嗓门，心里的怒火也一下子蹿了起来："你这么大声音干吗? 平时你要遥控器我让给你，好吃的你多拿点儿我也没意见，你这次让让我又会怎样?"

"凭什么? 凭什么? 我就不让了怎么样！"妹妹已是脸红筋胀，鼻子里呼哧呼哧地喘着粗气，而我也是粗着脖子瞪着眼睛，谁也不说话，却谁都没输了气势，似乎在比着谁先眨眼睛。空气令人窒息，充满了浓浓的压抑的火药味，仿佛随时都会爆炸。

两人对峙了一会儿，见谁也不让谁，便各自房门一摔，散步的散步，看电视的看电视去了。

房间里又静得只听见秒钟的嘀嗒声，桌上的茶杯还有一点点白气盘旋着散开，也许它也在纳闷——刚才不是还有人捂着肚子伏在椅子上"咯咯咯"地笑吗?

# 我心中的隐痛

袁星宇

无意中翻到一张照片，上面有两个人，一个女人，一个孩子。女人是我妈妈，孩子不是我！

家里人都有重男轻女的思想观念，但家中却尽是女孩儿，尽管父母对我这个独生女百般疼爱，但是噩梦终究还是来了。

一天，我正在爸爸厂里看着书，突闻一个稚嫩童声，抬头看到妈妈牵着一个男孩儿的手，脸笑得像一朵花，我从没见过妈妈笑得如此开心，我怔住了，没想到接下来发生的事会让我更加吃惊。

妈妈将手轻轻盖在那孩子的肩上，笑着对我说："来，给你介绍一下，这是我干儿子，叫小乐，以后是你的干弟弟了。"刹那间，我愣住了，头有些胀胀的感觉，全身的力气像是被抽走了似的，一下子坐到了椅子上，一股莫名的东西正在喉咙间上冒。干儿子！这三个字给我打击太大了，妈妈脸朝小乐说："儿子，快叫姐姐。"小乐拉着我的手，甜甜地喊了一声："姐姐。"我干巴巴地说了声："嗯。"嘴角勉强挤出一丝笑，估计笑得比哭还要难看。从那时起我多了一个"弟弟"！

自那以后，妈妈爸爸的爱分成了两份，一份爱超大，另一份小得可怜！没错，那份小爱是我的，在表面上我做了一个温柔的姐姐，父母不在时，我的本色也显露出来了，也许有人会同情他，但从我这个角度看，谁不讨厌他？我心里的恨有多深，痛就有多疼，我讨厌，讨厌，讨厌他！凭什么，他有父母，却得到了比我多两倍的爱，他不开心时，妈妈想方设法哄他开心；他肚子饿了，妈妈给他买一堆好吃的；他受伤了，妈妈立刻带他去治疗，还让他嘴里含一颗糖……那些本来属于我的！

那丝丝隐痛，一直在我的心里，谁能知晓？

# 我在等你，孩子

陈　莹

冰冷的青瓷砖，我一个人倚坐在上面，只感觉阵阵凉意袭来。晚风并不柔和，带有几分犀利，刮过我的脸庞。有点儿冷了，我打了个哆嗦。不知道他们来吃饭会不会穿得多点儿哩，穿的不多也没关系，我那儿还有几件没穿的大衣，还有围巾，到时候翻出来让他们带回去披着。我这样想着。夕阳的光笼罩在我的脸上，让我与这余晖相伴。

已经不知道现在是几点了，就这样，我独自一人，等待着，等待着孩子们的归来。眼前的车子开始快速地涌动了起来，看着时间，恐怕已经是五六点了吧。都几个小时了，孩子们怎么还没来呢？我有些焦急了，伸长了脖子想站起来看看。一种酥麻的感觉通过神经传遍整个身体。唉，到底是老了，才等了这么一会儿，手脚都麻了，就连背也直不起来了，只能弯着腰慢慢地抬起。我微微皱了皱眉头，目光却盯着前方，一刻也不敢懈怠，生怕我一个眨眼或者打一个盹，孩子们刚好来，找不到我可咋办，怎么能让他们看到我这样不经用呢？再等等吧。

人群，变得越来越拥挤了，仔细看着点儿，别看漏了孩子们呐。我提醒着自己。目光也随之在人群中不断地搜寻着那一个个熟悉的身影。高峰期渐渐退去。咦？孩子们呢，孩子们呢？咋车子都走光了还没见到他们哩？心里开始急了，他们不会不来了吧，会不会是要什么加班啊？是不是学校里的老师在拖课啊？还是路上有什么事情给耽搁了？嗯，是这样的，一定就是这样了。再等等，再等等吧，马上就回来了吧。

"大爷，您在看什么呢？"面前有几个路人走过，见我一个人待在这里，不禁发问道。此时的我，哪里顾得上和他们搭讪啊，眼睛直勾勾地盯着前方。心里还埋怨着，这人真是的，我在这边等我儿子，他问个不停，要是让我漏掉了儿子咋办。于是，我没作声，只"呵呵"傻笑了几声，便再没了下文，唯一的注意点还是前方。路人看着我，奇怪地摇摇头，不解地离开了。

"小心点儿，别摔着。"几声话语传来。呀！那是孙子顽皮的嬉笑声，哦，还有，还有儿女脸上的喜悦。好勒，回来了，总算回来了。我的脸上立即扯出了笑容，也顾不得皱纹形象什么的，连忙起身向前走去，腿却因为坐久了而不由得僵硬。一下子，就如一盆冷水从天而降一般，狠狠地泼在我的身上。脸上的笑容似乎也僵硬了，原来，那并不是我家的孩子呀。

唉，我叹了口气，转身，走向原地，默默地坐了下来。目光不禁瞄到屋里的一桌饭菜上。这些饭菜，还是得知他们要来一早就烧好了的，怕是已经凉了吧，正如此时我的心一样。

固执地再次回到原地，看着前方，期待着人儿的出现。落日的余晖将我孤独倚坐的身影拉得很长很长，孩子们，你们，快回来吧……

不知那青瓷砖是否听得懂我的心声？那无奈而失落的心声。

不，我要等，等待孩子们回来。

# 我在等你，朋友

钱佳怡

　　站在车站的挡风墙下，等待着车辆的到来。微风轻拂，吹起了地上的落叶，如只只蝴蝶，翩翩起舞。不远处，几个孩童正在玩耍，嬉笑着，奔跑着。看着他们稚嫩的动作和那甜美的笑容，我不由得咧开了嘴角，那段与你美好甜蜜的回忆——划过我的脑海。

　　你还记得吗？我们在郊外一起看那绿油油的小草，看草中那一朵朵绚丽的花朵，看河堤旁刚刚抽芽的柳树，看花海中飞舞的蝴蝶。我们赤着脚丫，像放飞的小鸟一样，在草坪上一起和风儿嬉戏，捉迷藏，放飞着载有我们梦想的风筝。如今的你，是否也在草地上回忆着我们曾经的往事呢？

　　你还记得吗？在无数个夏日的夜晚，我们吃着雪糕，躺在草地上，以仰卧的姿势眺望整个星空，一起数着天上的星星"一个，两个，三个……"让思绪飞扬，让心灵遐想，彼此分享着快乐，最后一起沉沉睡去。如今的你，是否正躲在树丛中嘻嘻地笑呢？

　　你还记得吗？我们总喜欢手牵手走在小路上采集五彩缤纷的树叶，我们总喜欢漫步于成熟的果园，感受着果实甜蜜的芳香，感受着秋日金风的飒爽。直到现在，我也常常回忆我们在一起的那些快乐的时光。如今的你，是否正偷吃着果园内甘甜的水果呢？

你还记得吗？在纷纷扬扬的大雪中，我们手拉着手奔跑在雪地里。雪，像珍珠，晶莹剔透，像鹅毛，纷纷扬扬，像天空中的小精灵，调皮可爱，像柳絮扬花，从天而降……皑皑的白雪覆盖在远山那温柔起伏的曲线上，将她银装素裹的包装。而我们，则躲在自己的秘密基地里彼此讲述着美好的童话故事。如今的你，是否也待在我们的秘密基地里梦想着有如同童话里公主的梦想呢？

我还记得春的温馨，夏的奔放，秋的清新，冬的深沉；我还记得百花的盛开，梧桐的凋零，果实的成熟，枫叶的摇落，朝阳的升起，夕阳的坠落。但是，成长的风却总在不经意间吹来，吹走了我们的蝴蝶，吹化了我们的雪人，也吹走了我们美好的回忆。此时此刻，能分享我快乐的也许只有满天闪烁的星星了，只可惜，那些记载我们回忆的星星也随着岁月的流逝而变得若隐若现了。

也许是我太想念你了吧，朋友。我等待着，我执着地等待着与你的重逢。

# 掌声响起

　　生活中，人人都需要掌声。

　　面对困难和失败，掌声会给人以信心，勇气和前进的动力。

　　从那以后，我学会了为所有人鼓掌，因为我懂得了鼓掌的力量。

# 掌　声

贺茹暄

表演台下如雷的掌声，促使我站了起来。

那是一次音乐剧的表演，因为刚刚接触这些东西，大家都显得格外兴奋。待在一旁的我反而看起来忧心忡忡。一想到即将面对那么多的观众，胃里是一阵翻江倒海似的难受。再想想小时候上台表演而闹出的糗事，绝望地低下了头。但为了不使这次表演被搞砸，我咬紧牙，努力将脑子里的不好回忆全部赶出去。

练习的日子总是格外短暂，但大家都表现得十分到位。自己和他们待久了，对表演的恐慌自然就减少了不少。到了彩排那天，我也能从容的和同伴配合下去。接下来要担心的，便是即将到来的正式公演。

表演前，我们在幕后静静地等着。我小心的拉开一点点幕布，看到的是黑压压的一片观众。再向舞台边缘看去，还有许多冒着红点的摄像机。抓着幕布的手瞬间变得汗津津的，找不到纸巾便只能胡乱地擦在裤子上。支撑着身体的双腿仿佛也被这浩大的阵势吓到了，在不住地发抖。

"轮到你上场了！"我忙对自己说，并且在心中为自己加油打气。"千万别像原来那样再出岔子了！语言！动作！微笑！很好，你做到了！"心中自己的话语和提醒就没停过，挺有效的。正当我为自己的表演暗暗窃喜时，脑内突然闪过一些儿时出糗的片段。就在那么一刹那，有一个动作没接得上。脑内警铃大响，便知道这次是搞砸了。我不敢往台下看，因为我知道大家的脸上一定会呈现出我十分熟悉的，一种面对失败者的表情。

但是我想错了。

那是一声十分清脆的掌声，然后稀稀拉拉的又响起了一些，随后便是掌声如雷。"大家都还在等着表演完成！我不能再让历史重演！"我撑着身子站起来，示意同伴和自己配合一个侧翻下场，果然很成功的离场了。正当我以为会被老师责备时，老师却和蔼的对我们说"随机应变得很好。"

又是一阵如雷的掌声，仿佛要将屋顶掀翻一般。大家手拉手上台谢幕。

生活中，人人都需要掌声。面对困难和失败，掌声会给人以信心，勇气和前进的动力。倘若刚刚没有那些掌声，表演就已经结束并失败了。

从那以后，我学会了为所有人鼓掌，因为我懂得了鼓掌的力量。

# 请别强做我的拐杖

练昔杭

母亲似拐杖一般辛勤地辅佐着我成长，为我的人生之路指引方向，更是我无助时坚强的后盾，但有时难免会过度干涉。

经过校方举办的十周岁仪式，这象征着我是一个小少年，需要独立，更渴望独立。

一大早，在睡眼惺忪中，便被妈妈硬拽了起来。她从口袋中掏出一张纸，纸被她小心翼翼地叠成很小的方块，打开它，眼睛一扫，是份复印件。我揉揉眼睛，仔细一瞧——原来是制定的假期学习计划表。我用手指指着表上一行行密密麻麻的字，念了起来……

"呵，这是连口喘气的机会都不给我啊！"我咕哝着。

"学习总应该科学合理，劳逸结合吧，你这个计划一点儿也不符合要求，根本没有休息的时间，况且我自己有计划。"我愤愤不平地否定了妈妈的计划。妈妈怀疑道："你的计划？"她冷笑几声，"一定是时间利用率极低，不行不行。"

见无法调节，达成一致，我便丢下那张令我心生厌恶的计划表，离开了这个连空气都使我烦躁不安的房间。

坐在客厅松软的沙发上，心情才得以有所平复，但还是止不住对着空气控诉妈妈的不近人情……可她毕竟是从为我好的立场出发的呀，她或许是怕我懈怠才如此。

030

最终，理智战胜了片面性的思维。

我又回到房间去找妈妈，希望有个机会可以和妈妈解释一下我的看法。推开门，她在为我整理房间。见我进来，她未言语，故作不知。"咳，"我清清嗓子，第二次交谈就此开始。我首先肯定了她的初衷是为我好，其次又将自己的安排和这样安排的原因一并阐述，希望她可以尊重我，给予我更多独立处理琐事的机会。妈妈点了点头，"长大了，是该试着放手让你去做了。"

或许刚开始咿呀学语时，需要母亲的一手操办，需要她的引领，需要她似拐杖般时时帮助着我们，唯有如此，才能为迈好将来的人生之路打下坚实基础。

可我们在成长，应逐渐走向独立，因为总有一天，身边的一切辅助物，必将全部撤掉，空留一人。长辈们如果此时仍如以往一般，过度干涉。那么我们将会被囚于无形的鸟笼中，失去放飞自我、独自觅食的机会，所以长辈们强做孩子的拐杖其实是不合理的。

拐杖可以帮衬着我们，但我们不能永远依靠拐杖。

# 岁月偷走外婆的青春

练昔杭

昏黄的灯光洒在微微泛黄的扉页上，一根细小的缝衣针，一双不再清澈的双眸，一捆细线，两个人。

坐在缝纫机前，外婆将两粒纽扣摆好，扯下适量长度的细线，一手举着缝衣针，使灯光得以从针尾的小孔中穿过。她高举它，尝试着将细线穿入针尾，她双目注视着针尾的小孔，一次，两次，三次……

她不愿放下手中的针线，停止尝试。"定是未戴眼镜的缘故。"她连忙起身，许久，才取回一副眼镜。"哎哟，瞧我这人，记性真差，你等着，外婆一会儿就可以将这纽扣缝上。"她一边喃喃着，一边急忙戴上眼镜，我只顾连连点头。

昏黄的灯光下，她眯着眼睛，又进行了一次尝试。金丝的镜框光彩熠熠，只是镜框后的那双眼不似其如此耀眼，浑浊中又有几分无奈。她推推眼镜，无助地摇了摇头，"人老喽，不中用了，连针头也穿不过喽。"

我心隐隐一痛，故作无所谓的模样，风趣地安慰道："不是老不老的问题，是你不专注。"说罢，便从外婆手中接过针，捻起细线，只一下，便轻松穿过了。"呵，很容易嘛，孔大线细，瞧你这人，真不专注。"勉强挤出一点儿笑容，昏黄的灯光下，显得我的笑容淡而不甜，哑然中，外婆摸了摸我的头，又缝起了纽扣。

我又捧起书，坐在一旁。看似在认真看书，实则非也。心不静，也不在这儿。我偷瞄着外婆的一举一动，昏黄的灯光下，岁月的痕迹一览无余：原本美丽的笑纹成了层层叠起的皱纹；原本清澈的双眸多了点点浑浊的色彩；原本矫健的身手添了许多笨拙的元素……

岁月这调皮的孩子，实在是跑得太快啦，它偷走了外婆的容颜、明亮的双眸和矫健的身手，难道有一天它也会把外婆从我身边夺走吗？外婆老了，但我年轻，我会陪着外婆，成为外婆的"眼睛""拐杖"……

昏黄的灯光下，氤氲温馨。

# 生如夏花般绚烂

唐嘉远

夏日的花，妖冶于被太阳炙烤得发烫的土地上，它们不畏炽热绽放自身的美丽。你的绚烂，也如夏花一样。

# 人

你出生在大山之中，家境贫寒，父亲因为一场车祸而丧失了劳动能力，母亲常年在外打工，挣到的钱也只能勉强生活。幼小的你挑起了这个家庭的重担，每天来回三十里的上学路，你不仅要徒步走完，还要顺路割些野菜下饭充饥。

苦，日子总是要过的，要想改善家庭环境，只有读书，认真读书。这已是这个破败不堪的家庭最后的希望了，你一直苦苦地坚持着……

# 花

夏日大旱，寸草不生，好不容易盼来了一声雷，这声音唤醒了沉睡中的你，倾盆大雨滋润了这片久旱的土地，你大口地吮吸着，从土里探出了脑袋。

大雨过后，依旧是干旱，你渴得难受，便努力地向下扎根，天气越来越热了，你的同伴们大多因缺水而一个接一个地倒下。你也被热得头脑昏昏沉沉，神志迷迷糊糊了，但你对自己说："不，我不能死！"

# 人

"奋斗，奋斗！"这是你刚进入高一教室时，贴在桌上的一句话，你每天都鼓励着自己。

清晨，当别人还在睡梦中时，你已早早地来到了教室，夜晚，当同学们进入梦乡时，你仍在挑灯夜战，凭着这股韧劲，三年后，你终于如愿以偿地收到大学的录取通知书，申请到了全额奖学金。

带着这种奋斗精神的你，大学毕业后，找到了一份体面的工作，家庭环境有了很大的改善。

## 花

你高昂着头颅，迎着烈日的炙烤，努力地生长。

即使同伴接二连三地枯萎，也并没有打垮你的信心。

你努力地从干裂的土地中艰难地生长，终于有一天，你开花了。

你终于迎来了胜利的那一刻！

## 尾　声

有一天，那个人偶然来到了你生长的这片土地上，他看着你，脸上露出了笑意，你在暖风中，快乐地摇曳。

# 那一段纯真的时光

丁锦晖

你才四岁，正值梦幻多彩的童年。

一切事物，看起来如此新鲜，你的心如此透明、纯真。

婆婆在不远处与人拉着家常，天真无邪的你顽皮地走来走去，蹒跚的脚步在夕阳下如此笨拙，却又有着童年跌跌撞撞的快乐。

一块砖头挡在了你的脚下，你却没有留意，"啪！"，小小的你不轻不重地趴在了地上。身上传来了星星点点的麻意，慢慢变成了疼痛，按照"宝宝公约"，此时你应该痛快地哭一回了。

从肚子里调上来的眼泪到达了眼眶，婆婆怎么还没来？这不白哭了？忍不住，你的眼眶红了，眼泪围着你的眼眶转起了圈儿，不慎落下了一滴，挂在睫毛上，似乎在调皮地跳舞，轻轻地抖了几下，结果落到了地上。

你发现眼泪落在地上，又弹了起来，还开出了一朵晶莹的花，花瓣谢了，掉在路面的水泥上，发现水泥颜色变深了，你不明白，这是为什么。

一群蚂蚁不知不觉来到了眼泪落下的地方，他们真黑啊！反射着亮闪闪的光，小小的身子托起了比他们自身还大的面包屑，细长的触角不停抖动着，像在与你打招呼。咦？小蚂蚁也吃面包吗？想着看着，竟有些饿了，便用手指捻起了小蚂蚁搬动的面包屑，想尝一尝它们爱吃什么味的面包，红豆？奶油？还是难吃的干面包，好新奇。

小蚂蚁发现食物被抢走后，急得晕头转向，一会儿向左走走，一会儿向右走走，怎么办呢？善良的你看着它们这样着急，不忍心了，就把面包粒还了回去，小蚂蚁又搬起了面包屑，还向你摇了摇触角，它是不是表达谢意呢？

你开心地想着，满足地笑了，慢吞吞地爬起，向着婆婆奔去了。

看着这张照片，我有些不舍。小时的纯真，让我不再害怕"跌跟头"了，那时的心是水晶雕琢的。

"嘀，真难舍那一段纯真的时光啊。"我淡淡地笑了，好满足。

# 在细微的爱里

陈琪琪

黄昏的太阳把我的影子拉得很长很长，黝黑的树丛里有几只乌鸦起起落落。

"唉，今天的考试考砸了"，我忍不住叹息。

回到家后，我偷偷绕到妈妈的背后，妈妈马上发现了我，她笑地问我："是不是有什么事要告诉妈妈？"我听着这温和的声音，不禁有些愧疚，轻声说："妈妈，这次考试不太理想，只有89分。""89？"妈妈愣了愣，但马上又语重心长地说："失败乃成功之母，89分虽然应该有很大发展的空间，但妈妈也满意了，下次加油！"

我望了望窗外黑漆漆的天，万物都被黑暗笼罩了，我的心不禁有些苍凉。

"妈妈，这次我真的差了，我会努力的。"说完我便跑进书房，耳边传来妈妈的呼唤："儿子，儿子。"我关了房门，想让自己安静安静。

为了证明自己的决心，我拿出了一本数学作业，心里暗暗地较劲，"我要让每道数学题都过关，相信问题只会越来越少。"

天黑得更彻底，此时的小楼，只映着我一个埋头苦干的身影，一道道题目很快如水一般流过，滋养了我心中的数学之地，此时，妈妈温暖的话语更是给我莫大的鼓励。

终于攻克了"作业城"。我也已筋疲力尽，好想喝杯咖啡提提神！我有些恍惚地走进了厨房间，只见一杯冒着丝丝热气的摩尔咖啡，端端正正地放在灶台上，棕色的咖啡，就像给人以快乐的泰迪熊。咖啡的香气氤氲整个厨房，更溢满了我的心间，这是妈妈为我准备的，我轻轻端起它，掌心吸收到了一股热气，我的整个身体都有些暖意了，喝上一口，苦中融着甜，叫人不得不静心品味。

抬头看看窗外，月亮竟然露出了脸，她把银纱披在了万物之上。

在细微的爱里，我带着甜甜温暖进入了梦乡……

# 暖

吴屹峰

雪下了一天又一天，阳光躲了一天又一天，天地之间只有那厚厚的积雪了。

天冷，冷得只有孤零零的几个人在街上游荡；天寒，寒得连那树枝都皱起了鸡皮疙瘩。"好冷的冬天啊。"我的心似乎都快要被这寒冷冰起来了。

他，街边一位老人，捧着一壶茶，坐在门前，身边的猫紧紧依偎在他的脚边，不知是讨好主人还是为了自己的暖和。

我，站在公交车站台旁，缩着脖子，等待迟迟不来的公交车，寒风一阵一阵，不由得让人寒战连连，只好把单薄的外套裹得更紧，搓着手，哈着气，跺着脚……

"嘿，小伙子，来喝口茶吧，别在风里挨冻哦。"

我循声望去，是街边的老人，他在门口坐着，手里捧着茶杯，朝我微笑着。

"公交车还没有到，过来避避风，喝口茶，取取暖吧。"我看着他，他满脸笑着，我走了过去。

他手里的杯子，满是茶垢，双手也不干不净，于是，抿了抿嘴唇，下意识地停下了脚步。

"别看这杯子脏，水是热的，也是干净的哦。"

我不好意思地问："我有杯子，假如你家里有热水的话，倒一点儿给我吧。"

"哎呀，水壶里没有了，刚才都倒在我的杯子里了，要不，我把杯子里的水都给你？"

我反而不好意思了："不用了。"便欲转身离开。

"天冷，喝口热茶，别冻着，别不好意思哦！"

我接过老人手中的杯子，在宁静的传递中，透过杯口层层升腾的雾气，看见了他朴实无华的笑容。

我仰头连喝了两口。

"慢点儿，别呛了。"

这茶，味道不怎样，似乎还有点儿苦，但，此时的心里却感觉有浓浓甜味。

公交车来了，我把杯子递给老人。

感谢他的茶，更感谢他的一片好意。

上了公交车，感觉身暖，心更暖。

# 好　奇

张　哲

　　雨，在淅淅沥沥地下着，他轻轻摇晃着杯中的茶，茶水在杯中旋转却不曾有一滴越过茶杯。他身旁的小猫依偎着他的脚踝，幽幽的双眼盯着远处的那朵盛开的花。

　　听雨

　　窗外的雨像上了发条的玩具，拼命地叮叮咚咚地响着，一刻不停地下着，远处的城市，烟雨蒙蒙，那由钢筋水泥组成的大楼似乎变得越来越模糊，已至朦胧一片；近处的村落，如一幅水墨画，展现着无限的韵致。

　　"这个人真奇怪，听雨怎么哭了？"我好奇地向他靠近。

　　我走上前，轻轻问了句："叔叔，你在干吗？怎么啦？"

　　"听故乡的声音。"

　　"什么？故乡的声音？"

　　"对啊，雨落在地上的啪、啪声，多好听啊！"说着，只见他挥舞着双手，像指挥家。

　　雨，落在瓦片上，落在树叶上、落在土地上，这是一种最美的乐章。

　　他幽幽地说："可惜啊，我马上要离开故乡，以后很难听到这样的声音了。"

我看着他，听着他自言自语，一句话也说不出。

看茶

一个茶馆里，几位老人手里抚摸着玻璃茶杯，眼睛盯着杯里的茶叶，透过玻璃壁，看见茶叶氤氲着绿，渲染着绿，完全是一幅水粉画。

又走来一个人，他冲了一杯水，慢慢将茶叶放了杯中，静谧地等待，看着茶叶慢慢舒展开来，他双眼紧盯着杯子，看着他的举动，似乎反常，我不解，便走到他的身边好奇地问他："为什么茶泡好了只看不喝？"

"看茶比喝茶更有意思。"

"哦？真的？"

"不信？你看，茶叶升起悠然闲适，不惊不扰；茶叶落下，淡定从容。"

我盯着杯中的茶叶，听着他的话语，陷入了沉思。

赏花

远远的，远远的，有一株菊花。

花，无力地绽放，花瓣正在凋零，一片一片，地上红红一地。

叶，无力垂着，叶尖已经微微泛黄，在风中瑟瑟发抖。

茎，还勉强地挺着，但有的已经倾斜、伏地。

一地残菊。

我想转身，另寻美景，而它那不卑不亢的样子让我好奇，我静静地伫立在那儿，它的身旁还有一人在看着菊花的模样。

他，弯腰用手轻轻抚着花，抚摸那枯叶，像抚摸自己生病的小孩儿一样，充满爱意，轻轻地，轻轻地。

我走进他，低语，菊花曾那样美好，如今却变得不忍细看。

此人自言自语，生长、开花、凋谢，世间万物莫不如此。

我看着菊花，听着他的话，陷入沉思。

# 时间的流逝就在我身边

徐乐怡

时间是不会停止的，它永远都在流逝。

小时候总觉得爸爸从来都是无所不能的，那时我很崇拜爸爸并以他为骄傲，总希望可以快一点儿长大，不再是个小孩儿。

那时爸爸还很年轻。有很长一段时间，我一直都记着他是三十四岁。他经常出去喝酒吃饭，每每总是要到午夜才回来。他会骑着他的破单车，载我满城去玩，在路上帮我买玩具、买吃的，去踢球时我在场边看他传球、射门，他偶尔会转过头来冲我笑，黄昏夕阳的光照得我有些模糊。他打游戏的时候我会撑着头在一边看，会在胜利时雀跃，我知道"win"就是赢，就像一个战无不胜的家伙。我会很骄傲地说我有一个好爸爸，那种神情就像是在宣告我是全天下最幸福的人。

我就这样生活着，下一幕的日期已是四年之后。

爸爸总是生病、感冒咳嗽的。有一天妈妈抱怨他体质怎么这么差，我转过头去看他，一瞬间却发现他真的老了。我心中猛一惊，细想才发现爸爸已不再是当年的他了。

还记得他有一次腿受伤好多天都不能踢球，等过了一个礼拜觉得自己好了就偷偷背着妈妈出去踢，结果伤得更厉害了。他再也不像以前那样踢前锋后卫了，他老了，受不起冲撞，只能当守门员，但我看到他连当守门员都心满意足了时，我突然有些不知所措，继而难过，当年那个热血骄傲的他呢？到哪里去了？

他有一次很期待地对我说，今年要是开运动会就好了，我就可以搭上中年组的首班车了。话里有自讽，可我听了很失落。他真的老了吗？那种"返老还童"的期待，那种满足的感觉，那种想追求但被迫伏于时光的无奈，让我很想哭。他开始有白头发，开始有啤酒肚，有时我都能看出他眼神里未曾言说的疲乏。这已是他站在讲台上的第十九个年头，他的半辈子，都在学校里了。他偶尔会在不经意间提起一些不公正的遭遇，虽轻描淡写，但我却能感受到其中分量。他不再总出去玩，虽然他更成熟稳重，但是他已在年复一年中老去。我时常会想起那些过往，不知道那些时光怎么就流呀流不见了。

爸，我要你一直是三十四岁，好吗？我不想你变老，不想……

可时间是不会停止的，它永远都在流逝。

我唯有珍惜。

爸，我会好好孝顺你，快乐地生活，珍惜现在的日子。

都说女儿是父亲上辈子的情人，爸，我爱你。

# 爱就在我身边

柏 倩

无意间，我体会到，爱，其实就在我身边。

在我的印象中，妈妈对我从未有过什么亲昵之举。童年时，没有用花花绿绿的头绳为我编扎可爱的小辫子，没有用修长的手臂为我筑起爱的港湾，没有用她软绵绵的嘴唇亲亲我圆嘟嘟的小脸。也许，是我粗心，妈妈对我的爱好象总是深藏在某个我不太容易找寻到的角落。

"妈，我想吃瓜子，五香的哟！"我向妈妈抛了个媚眼，希望能得到她的首肯。

"作业写完没？吃瓜子要浪费多少时间？看你这次考试考了多少分？"连珠炮似的问话让我一时语塞。望着妈妈"咯蹦咯蹦"地磕着美味的瓜子，我的气不打一处来。

"真是的，自己捧着瓜子津津有味地吃，让我在这写作业！"我赌气将房门重重地关上。

"自己吃得舒坦，却让我写作业、写作业……"，我的心里烦透了。妈妈太坏了，自己享受，却让我在这儿辛苦，这太不公平啦。

……

"咚咚"一阵敲门声。

"我进来了。"妈妈在门外喊到。我怒气未消，便假装背书，双手捂着耳朵，嘴里"哇啦哇啦"地嚷着妈妈听不懂的English，懒得搭理她。

"休息一会儿吧！"满满一盘剥得好好的瓜子仁递到我面前，我不由得愣住了。突然，发现妈妈漂亮的指尖红红的。"妈？你的手……""没事的。"妈妈摆摆手，很自然地说。

我心中一阵感动，亮晶晶的眼泪差点儿就落在盘子里。可又怕妈妈笑我，我急忙仰起头将一把瓜子仁倒进了嘴里。

瓜子很香、很香。细细咀嚼，丝丝甜味充满了口腔。

我似乎明白了，爱无须表现，却需用心领会，因为，她在我身边太近了，近得让我反而疏忽了。

# 美就在我身边

陈　晨

乡村的早晨是美丽的。

乡村的早晨美在她的清新。那新鲜的空气，吸一口，沁人肺腑，心情无比舒畅。柳树上那晶莹的露珠，随着微风，跳着美丽的芭蕾舞。小草上的露珠像在玩杂技一样在叶尖摇摇欲坠，弄得小草怪痒痒的。小河清澈见底，一条蝌蚪游过都能看得清清楚楚，还能看见河底那五彩斑斓的石块。

乡村的早晨美在她的五彩。放眼望去，一片绿色的海洋：绿色的田野，绿色的树木，绿色的小路，就连天空都好像是碧绿碧绿的。路边的朵朵黄花、紫花多么美丽，摘下一朵闻闻，有淡淡的清香。农家院子里的石榴成熟了，又大又红，正咧开嘴笑呢；架子上的葡萄，成熟的是紫色的，晶莹透亮；没有成熟的是青色的，青翠欲滴；葡萄趴在院墙上，顽皮地探头看着外面的大千世界。

乡村的早晨美在她的繁忙。一大早，太阳还没愿意出来和月亮换班，农家小院就奏起了鸡鸭交响曲，农民伯伯们一打开院门，鸡、鸭、鹅就像顽皮的孩子一样一股脑儿涌了出来，一路跑到了池塘，顿时，那里便成了他们快乐的乐园。乡村小路上有人骑着三轮车赶去卖菜。田野里，人们趁着"早凉"干活，不时传来阵阵的欢笑声。

乡村的早晨，真美！

# 趣 在 身 边

吴一欣

暑假，外婆来我家住了一段时间，来时，还捎上了一只漂亮的大公鸡，是为了七月半祭祖准备的。大公鸡被绳子绑住了双脚，放在了厨房的角落里。它半眯着眼睛，可怜兮兮地待在那儿，偶尔也动动脖子，扑棱几下来表示它的不满。它那鲜红的鸡冠和光亮的羽毛甚是好看，唉，可怜的大公鸡啊！

很显然，我那调皮可爱的小表弟对那只大公鸡产生了浓厚的兴趣，他不顾外婆的嘱咐，在公鸡旁蹲了下来，抚摸着大公鸡的毛，还管它叫毛毛。他问我："为什么绑着毛毛的脚？"我便如实告诉了他。他惊住了，哀求我："姐姐，我不吃鸡肉了，我们放了毛毛好不好。"我不知该说什么，便默默走进了书房。谁知不多会儿，便听见外面响起了"喔、喔"的声音，然后是表姐的一声尖叫："啊！鸡跑了，快抓啊！"

我赶紧跑了出去，只见大公鸡在家里横冲直撞，小表弟在一旁为它呐喊助威："毛毛快跑，毛毛加油！"叔叔闻讯赶来，拦住了公鸡的去路，正想一把捉住它，谁曾想这公鸡竟如此大胆，上去对着叔叔的手就是一口，痛得叔叔大叫一声，捂着手冲进了房间，求妈妈上药了！爸爸也放下手中的活跑来，他大步跨到公鸡前，吸取叔叔受伤的教训，没有直接去捉，而是想等鸡转身时捉住它，可"聪明"的毛毛没有让他得逞，它从爸爸两腿间钻了过去……

毛毛在家里闹翻了天，它飞上沙发，在上面拉了一堆屎；然后把茶几上的水壶弄倒，把水弄了一地……天哪，一只公鸡在家里东夺西闯，把家里弄得一塌涂地，而一群人，却束手无策，直到毛毛把表弟的零食袋蛮横地挤破，他才知道自己干了什么。

谢天谢地，外婆终于来了，她看到家里的一片狼藉，吓了一跳，随即唤出平时给毛毛喂食时的声音，"咯嘟咯嘟"，大公鸡赶忙主动跑到外婆身边，外婆顺利地捉到了它。毛毛的双脚再一次被绑起，它又回到了那个角落。唉，可怜的大公鸡啊！

这场人鸡大战的闹剧拉上了帷幕，接下来么，赶紧收拾残局吧！

046

# 快乐的童年

季东阳

你见过蓝天白云间的彩虹吗？那是天空最美的色彩！如果人的一生是一道彩虹，那最艳丽的一抹红色，就是快乐的童年。

我童年的大部分时光是在乡下度过的。几排稀稀落落的房屋，一条弯弯曲曲的小路，一片幽深的小树林，几声清晰高亢的鸡鸣狗叫………这儿虽没有城市的繁华，却是我儿时的世外桃源。一声鸡鸣，二声狗吠，是惊扰不了我的春梦，等到太阳挂在半空，我才睡眼蒙眬地爬起来。一碗稀饭，一碗面条，也许不够美味，但那灶台上煮出来的饭菜，却飘来一阵阵淡淡的香气。

乡下几乎没有什么玩具，我和我的小伙伴们却也能无米之炊，林间东躲西藏洒下一地欢声笑语，河边垂钓尖叫不绝于耳。一个游戏玩腻了，马上就又搞出新花样来。

记得有一段时间，我们埋伏在林中打鸟。一棵碗口粗的树，也能被我们几个拉大锯，锯了下来。几根粗树枝，被我们用小刀削成弹弓样的木叉，在"U"上面绕几根牛皮筋，粘几片树叶，一个弹弓就Ok了。随手捡几颗石子，这便是"子弹"。小伙伴们有的一闪藏在大树后面，有的索性爬到树上，各占一块作战地盘。每次狩猎前，必在地上放几只毛毛虫，鸟儿终究敌不过诱惑，一个个俯冲扑落下来，却没想到已进入我们的埋伏圈。顿时，万弹齐发，鸟儿们立刻香消玉殒。我们笑嘻嘻地找来一些枯树枝，用硬一点儿的树枝串上鸟，就地烤鸟，不一会儿，空气中便弥漫着一股诱人的香气。

乡下最常见的动物，除了家禽便是狗了，尤其是那看门狗。差不多每踏进一家院子，就会看到一只健壮的大狗趴在地上，你只要稍一走进，它便猛地爬起来，喉咙里发出低沉的咆哮。我特别喜欢这种狗，因为它们对主人绝对忠诚，恪尽职守。我经常和我家的狗"球球"分享我的零食，几乎我走到哪儿，它也要跟到那。一次，我在河里游泳，腿抽筋，挣扎着大声呼救。球球仿佛心有灵犀，及时跳下水，奋不顾身游到我的身边。我大喜过望，就像是抓住救命稻草一般赶紧抓住它的尾巴，最终游到岸边。我待它更好了，经常丢骨头给它吃。我十岁那年，它因生病永远离我而去，我大哭了一场，为它挖了一个墓，用木头立碑，刻上爱犬球球之墓，再在坟头放上几块肉。

当我们走过岁月，走过风尘，蓦然回首，也许一片云彩会渐渐淡去，也许一条小河会慢慢干涸，可童年的记忆是那么深刻！那么的丰富多彩！那糗事百出的童年，才是人生最宝贵的财富！

# 孝心在我家

陈阳阳

孝道是中华民族五千年历史的流传，是中国古代道德文明的精华，是祖先崇拜的文化内涵，更是如今衡量一个人的道德品质和修养信念的标准。

记忆的潮水已经退却，在沙滩上留下了一个个记忆的贝壳，而其中那最绚丽多彩的一个，便是这次尽孝。

这一天，爸爸拖着疲惫不堪的身体躺在沙发上，我望着爸爸，心中萌生出一个念头:我要帮爸爸洗脚。

我端着盛了温水的洗脚盆，来到爸爸面前，我有些小紧张，笑着对爸爸说："爸爸，您辛苦了，今天让女儿为你洗脚吧。"爸爸有些吃惊，他问道："真的吗？"我点了点头。我慢慢脱去爸爸的鞋袜，用温水轻轻地浇在爸爸的脚上。我托着爸爸的脚，手掌隐约感觉到爸爸脚底的老茧，那老茧非常硬，就像石头，我又转念一想：爸爸的脚上怎么可能会没有老茧？爸爸为维持一家的生计，常年在外奔波，不管是酷暑难耐，还是冰天雪地，都不停息，家中的重担全都落在了爸爸一个人身上，这双脚可能会没有老茧吗？想着，想着，我的心不禁颤抖起来，我热泪盈眶。渐渐的，我不禁哭出来，我对爸爸说："爸爸，以后我常给您洗脚，我还会帮您倒茶。"

让我们今天一起把这份美德传承下去，要再等待了，有许多人都觉得明天也可以做到，可是我们又有多少个明天？不要等到失去了，再珍惜。

# 第一次让泪滑过脸颊

丁阳洋

泪，在悲伤的时候是苦涩的，在欢快时是甜美的。无论是怎样的泪，都会让我们有一段刻骨铭心的记忆。这一次滑过我脸颊的泪，让我明白了感恩的重要。

在母亲节，当妈妈拖着疲惫的身子躺在沙发上时，我为妈妈洗脚，我端着盛了温水的洗脚盆，轻轻地来到妈妈的面前，我慢慢脱去妈妈的鞋袜，用温水浇在妈妈的脚上。此时此刻我发现妈妈的脚上有许多老茧，硬硬的。妈妈的脚上不光有老茧，还有一道道裂口划在我的手上，如同划在我的心上，顿时我感到生疼生疼的，这么多年了，我从来没有设身处地地为妈妈考虑过，只是一个劲的要求妈妈做这做那。现在我已经长大了，而妈妈却因为我的成长而变得老了，我多么希望妈妈不要那么快的老去，我不愿看到妈妈那几根刺眼的白发，我不愿看见岁月在妈妈的脸上留下皱纹。这时，泪水顺着我的脸颊流下……

都说母爱如海，又何尝不是呢？母亲用那如海般的心包容着我们，包容着我们犯下的过错；包容着我们偶尔的小脾气；包容着我们粗心大意。在我看来，母亲不一定是需要一个完美的孩子，她所想看到的不过是最真实、最可爱，也许还带着点儿小调皮的我们。我们的缺点在母亲心中又何尝不是我们的特点。母亲又更似海水般温柔，似三月和风，似小溪流水，滑过我们心田……

母亲所需要的并不是惊天动地的壮举，只是一句句暖心的问候；只是一个温暖的拥抱；一杯泡好的热茶，只是最简单的。

第一次让泪滑过脸颊，让我明白了太多太多……

# 默默坚守着

它是一位守护者，坚守着它的信念；它是一位哨兵，勇敢坚强，也不缺乏必胜的信念；它是一位思想者，沉稳安静，夕阳勾勒出它孤寂的身影……

# 古松的坚守

张诗莹

当金黄的十月过去，昔日枝头的绿意盎然已然逝去。枯黄的落叶纷纷落下，好似在哀叹眼下的失魂落魄。我走在金黄的小道上，猛然抬头，映入眼帘的是一抹绿——

那是一棵松树。

那棵松树并不像其他松树那样蓬勃，我只觉得它很苍老。它倚在一块淡灰色的石块上斜向上生长。它的枝干绿得深沉，仿佛是经过层层渲染的水墨画。与那些年轻的松树不同，它的枝干上布满了纵横交错的裂纹，似龟裂的大地，似老人的面庞，饱经沧桑。它的叶没有杨柳的青，没有芭蕉的大，可是它的叶是经过风雨的锤炼，凝聚的精华。它小巧却不柔弱，它墨绿又不枯黄。那棵古松，是大自然所凝聚的精华。

它就在那里，一年又一年，始终坚守着我们的校园。它是一位守护者，坚守着它的信念；它是一位哨兵，勇敢坚强，也不缺乏必胜的信念；它是一位思想者，沉稳安静，夕阳勾勒出它孤寂的身影……它像活着的人，尝尽了酸甜苦辣，经历了挫折磨难，却一直没有放弃自己所坚守的信念。

我凝望着它，直到阳光刺得我睁不开眼。我眯了眯眼，又猛地抬头，发现这棵松树浑身光彩夺目，金光闪闪。仿佛不是阳光笼罩了它，而是它散发出的光彩——它的坚守，它的信念。

透过它，透过它苍老的身影，我仿佛看见了生命的长河在缓缓流淌，流向那未来的彼岸，带着信念，带着梦想。就算你老了，你所坚守的信念与梦想却不会老去。

继续走在金黄的小道上，我的心却留在了那棵树上，缓缓流淌……

# 金黄的绿意

闵华婷

053

立在校园一隅，我静静地望着，望着——那棵特别的松。这棵松树身歪曲，有人给它垫了块砖石"真让人操心。"我突然感慨道，耳边却想起母亲的话，"真让人操心，一点儿都不懂事。"

是啊，多少次，面对繁重的学业止步不前；

多少次，拿着可怜的成绩单战战兢兢站在母亲面前；

又有多少次，与母亲争吵后摔门而出……

母亲说我不懂事，或许，我是真的不懂事，不省心吧……我的未来，也并不知道去往何处，长何模样……

这么想着，我便对这棵树霎时产生了同病相怜的感情，便仔细打量着这棵"不懂事""不成熟"的松。整体瞧下来，让人只觉出一个字："嫩"。这棵松是我见过的身形最"妖娆的"树，粗略一看，

默默坚守着

树身大致呈s形；树干是稚嫩的黄带绿；针形叶是柔软的，树干是稚嫩的黄棕色；针形叶是柔软的黄带绿，树皮黯淡无光，光看这些，只觉得这棵树太嫩，然而再将它由上至下地细看，才发现这棵松还有一个致命的弱点——它"秃顶"，它的叶从下到上呈递减模式，直至顶端，稀稀拉拉的叶子就好比刚出生的黄毛小儿，再加上"s形"身姿曼妙的衬托，让人既感其没长好的稚嫩，又让人觉得它的怪异。已然如此稚嫩，上天却也太不公平，似乎总要给这棵树来点儿小磨难。例如上学期的寒潮，反正人冻得瑟瑟发抖了，树连衣服都没，不知要受多少苦。我怜悯地望向窗外的树们，唉，校园里的几棵大树都被剪去了枝叶，仅剩几片叶子更衬得其老气横秋。但突然看到这棵松树时，不禁眼前一亮，似乎别的树越落魄，它就越要活出非凡和盎然来。其他的树叶在风中瑟瑟发抖，而这棵树的松针沙沙作响的声音似在风中起舞。这使我重新端详着这棵树：还是稍显稚嫩的枝干，黄棕黄棕的，颜色不算上乘；还是稍显稚嫩的针形叶，鹅黄透绿的，柔软不扎手；还是稍显稚嫩的树皮，黯淡无光，缺乏生气。可是它一方面如此稚嫩，另一方面又受住了这样的艰难险阻……

那难得一遇的寒潮已过，阳光重又洋洋洒洒地穿过窗户，穿过走廊，照到那棵松树上，光晕附在树身上，柔柔的，透出圣洁模样。这棵松依然没改变那表面的稚嫩，但是那金黄的，柔和的光晕将这棵松那不浓烈的绿色映衬得那么美。

我忽然想把母亲带到这棵松前，我想告诉她，稚嫩如我，也必能似松，迎难而上。若那残绿是青春的"少不更事"，那金黄便是磨难后的"脱胎换骨"，这份金黄的绿意，便是生命最可爱的模样。

# 孤　松

蒋　星

　　从远处看，它是伟岸的，高大的，它像一尊千手观音，向四周伸展着自己的胳膊。它就是与我们朝夕相处了许多日子的那棵老松，也是我们从未观生过的老松。它又高大又粗壮，浑身上下布满了皱纹，摸上去十分粗糙。现在它依靠在一块石头上。枝丫微微向下弯曲的同时带动着针状的叶子，为了更好地描写它，我特意去摸了摸它的叶子，手心里痒痒的。从教室里往外看，黑色幕布下的松树显得孤单寂寞了许多，它向星空诉说着自己的心事，说着说着不禁抽泣了起来，身体也在颤抖着，大雨中的它显得十分孤立无助，仿佛雨再大些它就要步入死亡的殿堂。车棚那的柳树就显得柔弱了一些，它垂着个的脑袋无力地靠在墙壁上，似乎在难过自己掉了那么叶子都不好看了，可老松树它并不在乎其外表怎么样，哪怕有了裂痕和断技。雨过天晴后，阳光透过树杈在地上形成了一个个光斑，这些光斑围绕在它的身边，好似这是对不屈服人的奖励。在茫茫大海，它是弱小无助的落单鸟，在寻找自己的队伍；黑暗中，它是孤独寂寞的老人，渴望儿女回来看望自己；在静静等待第二天朝阳时，它是高高在上的帝王，坐在冰冷的龙椅上看着自己的大好江山。有时候我觉得自己就是这棵老松树，很孤单，总希望有其他人可以来陪伴自己，至少身边有个可以听自己唠叨的人。老松树也是一样的，生长在一个僻静的地方又有几个人曾经停下过脚步来观察过它呢？恐怖寥寥无几吧？

望着这棵树，我想到了邻家的一个卖菜的老奶奶，她的背驼的就像一根挑着重物的扁担，虽然年岁已长却仍然要自己养活自己，她有儿女可我只见过一次，仅仅一次。

那时我每每放学，总是可以看到一个弱小的身体在推那辆"吱吱"响的三轮去，仿佛它在抱怨："为什么让我搬那么多东西？我好累呀。"是啊，她都这么大岁数了却仍需要每天那么辛苦，就像一台永不知歇息的无人机。我时常会帮老奶奶一些忙，哪怕只是择一择菜，多买她一些菜。她所受的苦和累只有她自己和天上的星辰知道，我也知道一些，因为我为老奶奶提过几桶水，可我也很累，我不知道老奶奶这么多年是怎么熬过来的，半夜里自己要挑水浇菜，还要去捡一些饭店剩下的残羹剩饭去喂自家小狗……

可她从未有过抱怨，她脸上的沟壑仿佛只是终将汇入江海的小河，虽然满载磨难，但依然从容地流淌着；她歪曲的背脊好像只是一根被苦难压弯的扁担，虽然饱含辛酸，但却足以挑起整个生活。她和这棵老松一样啊，人生路有坎坷曲折，有寂寞无助，但他们没有放弃生活的勇气，而仍是顽强地生存下去。我摸了摸这棵孤松，摸着它粗粝的枝干，我看到了——不是一棵孤松，那是一个伟大的灵魂。

# 难忘太阳

范　阳

　　太阳，每天早晨，都从东方升起。经过半个圆周的运行之后，从西方落下，第二天再度从东方升起，如此周而复始，永不停息。

　　太阳，每一天，都在给予我们光明；而当它离去时，漫长的黑夜就将来临。因此，太阳就成了"光明的使者"，而阳光，也就成了温暖、关怀与正义的代名词。假如有一天，世界上没有了太阳，那么，地球将成为一颗毫无生气的星球，因此，我们离不开太阳。

057

　　但是，当我们走在夏日午后的烈日下的时候，即使有树荫的遮蔽，也挡不住那毒辣的阳光。在那样的日子里，每天中午，都恨不得太阳立即从空中消失。你看，即使是我们最需要的太阳，有时，也会令我们无比烦恼，所以没有什么事物，能够尽善尽美。

　　太阳，带给我们的不仅是光明，还有许多美妙绝伦的景象。你看，日出的时候，东方先是露出鱼肚白，然后，天边逐渐由白，转为浅红，再由浅红，转为大红色，就像是为迎接太阳的到来而铺上的红地毯，并做好最隆重的准备。而后，天边的颜色加深，加亮。须臾过后，火红的太阳在隆重的迎接中，慢吞吞地露出小半个头，像害羞似的。随着时间的推移，太阳露出的部分越来越多，到最后，所有的云彩都或多或少地被染上了金色，太阳才终于完全升上天空，霎时间，光芒四射，给万物披上了霞辉，刺得人睁不开眼。

这，就是日出的全过程。

不仅日出令人沉醉，日落也同样令人神往。时间来到傍晚，太阳又变成了红色，像个画画的人，给周围的云彩一个个涂上些红、橙、黄颜色。夕阳继续落下，直到在天地交接的边际，变得灿烂如火，半个天空中都是它流光溢彩的"杰作"，巨大的落日，像在熔化着。时间在推移，渐渐地，夕阳只剩下了一小块在天空中，这时，它好似停住了一般，不肯下坠。又过了好一会儿，它才变成了一小块儿红色，活像那丹顶鹤头上的一簇红。最后的几缕黄光渐渐消失了，世界重归于黑暗。

这，就是太阳，我们离不开的太阳。难忘你，我的太阳！

# 旧 蒲 扇

吴 金

月光倾洒在卧室里，我侧身躺在凉席上，床边坐着一个人，卖力地用那把又大又旧的蒲扇给我扇着风，任何声音仿佛都静止了，耳边只有蒲扇摇动的声音，那声音忽大忽小，很有节奏。我清楚地记得：那是五年级期末考试前一天的晚上，坐在床边的人是我妈妈，我躺在床上辗转反侧，怎么都睡不着。"睡不着？是为了明天考试的事情吗？"

"嗯。"

"放轻松，不要多想，只有保证充足的睡眠才能考好嘛！尽自己最大的努力就好了。"妈妈一边缓解着我的压力，一边轻轻地摇着那把蒲扇，我躺在那不吱声，但耳边的扇风声依然很大。那个夜晚真的很美，我很舒服地享受着蒲扇给我带来的清凉，但我却因为妈妈劳累而内疚：朦胧中虽然不太看得清妈妈的脸，但借助月光可以看到她额上布满了一层细细的汗珠，她累了，风也越来越小，但很快又加大了力度，而后轻轻地转过身，看看我，似乎是在看我是否睡着了，随即她又摇起了蒲扇为我继续扇风，风声就这样反复地由大变小，但一直没有停止。我看着这一切，鼻子酸酸的，等妈妈转过身去时，我又睁开眼睛静静地看着她，就这样足足持续了半个小时。在那摇动的蒲扇声中，我默默地淌着泪，怕妈妈知道我还醒着，我一直不敢动，但眼泪却慢慢滑过眼角，一直流到到了头发里。

　　妈妈，对我这么好，好得令我愧于接受。妈妈，我该如何感恩你？就在妈妈要离开房间的那一刹那，我轻轻叫道："妈妈。"妈妈先是一惊，随后转过身惊讶地问我："你还没睡呀？"我调整好语气说："嗯，妈妈，你一直给我扇风不累吗？""不累，只要你能舒服一点儿，我没关系的。"我的泪水一下涌了出来。此后，每当我看到那把旧蒲扇，我总会想起那晚的情形，酷暑炎炎，却能带来凉风习习，妈妈的爱，原来是如此美妙。

# 一杯白开水

万洲钺

清晨，我最不愿面临的时刻终于到来了，那就是出门上学。我打开门，"呼——"一阵寒风刮了过来，冷得我浑身打了个颤儿！到了学校，我发现头有些微痛，我以为是睡多了，也没有太在意。

可是，随着时间一分一秒地过去，我的头越来越痛！到了第二节课下课，我的头已经成了一颗一触即发的炸弹。我只得小心地将额头贴在桌面上降温。

这时小高哼着小曲儿，一蹦一跳地过来了说："咦，你这个调皮鬼，今天怎么不出来玩了？"我说："我头疼，你有啥事么？""快借我水杯。"小高说。我将水杯从抽屉里拿出来递给他一边支撑着说："我一会儿出来玩。"他接过水杯，对我做了个鬼脸走了。

"唉……"我刚想请他帮帮我，可他已经跑远了，我只得心里暗自叫苦。

不一会儿工夫，小高又来了，他将手中的水杯递给我说："给，喝点儿水，会好受点儿的。"我看见杯子上方腾起缕缕袅袅的白烟，心想：这小子怎么会对我这么好，这不像他的作风啊。他看看我，认真地说："别这样看我，我不会害你的！我刚刚看到你像果冻一样瘫在那，猜你十有八九病了。快喝吧，一会儿我代你到老师那儿给你父母打个电话。"说着便笑了，我丝毫没有怀疑那笑的善意，因为我感受到那是真挚的，他笑得那么温暖。

他的笑，就像那温暖的春天，我的头痛似乎好了不少。

一杯白开水，却是浓浓的关爱。

# 淡淡的味道

钱雪晨

"喏，豆浆，全部喝掉啊！"依旧是那熟悉的动作和声音。

妈妈总是会用她那自认为砍价最成功的一个乳白色卡通杯，给我倒上满满的一杯豆浆。

想当初，一开始品尝豆浆，那种淡淡的味道，会使我莫名地感觉到一种气质，现如今，一摆在眼前，看那腾起的白烟滚动着，我也好似煎熬着，似乎永远只是那种淡淡的味道。妈妈也拥有哲理，她总说黄豆是奶奶家种的，所以总是用"此豆浆可是纯天然的，绝不含防腐剂，"来劝说我，也不知从哪儿学来的"商业用语"，下达命令"好东西，不要浪费哦，全部喝掉。"

我只好硬着头皮喝，我劝自己："胳膊拧不过大腿，鸡蛋碰不过石头。"

看了看眼前这一杯豆浆，又是那个味道，抿了一小口，"嗯？今天豆浆的味道不太一样。"开始有了点儿兴趣，"变甜了，蛮好喝的哦！"

对于自从买来豆浆机后，只喝过一种豆浆味道的我，自然是充满惊喜，可一阵惊喜之后，一个个疑问像流星雨一样向我袭来，"今天，妈妈怎么会在豆浆里放糖了呢？她不是总说糖吃多了不好吗？"我把剩下的豆浆全部干掉，一滴不剩。

我来到妈妈跟前，怀着疑问，小心问道："今天的豆浆味道终于让我焕然一新了，加糖了吗？感觉很好喝啊！"

她脸上露出了好像被强迫的表情："你不是嚷嚷着，豆浆味道都总是一个味吗？我今天加了几个冰糖，冰糖与糖虽然都是甜的，但终究还是冰糖好！"说完，就把杯子拿去洗了，我有些麻木，前一阵子，我就只是嚷嚷了几声："如果甜的会更好吧！"没想到，妈妈居然记在了心里，还用心良苦地买来冰糖代替白糖。

淡淡的味道，甜甜的味道，都被母爱毫无保留的熏陶着，滋润着，我又重识了那一份淡淡的，甜甜的爱，那是一杯豆浆，虽然仅仅是一杯豆浆而已……

# 有你，真好！

闻　静

"没什么事，就是问你，周末下不下乡了？"爷爷问我的语气平静中又有几分期待。"没空，马上考试了，我得复习。"我淡淡地说。

"哦，那再见了——"电话那头声音明显没有刚开始的激动，爷爷每一个字眼里我感受到的尽是失望与无奈。心中便不再平静，似乎有个调皮的孩子在那一池春水中，抛下了一块小石子，泛起了一阵一阵的涟漪。

泪不争气地流了下来。

我又何尝不想下乡到爷爷、奶奶的身边，在他们怀中撒撒娇呢？

那十年的时光又怎么会轻易忘记呢？那白面的桌子，那青绿的竹条，伴我走过了十个春秋，我又怎能将它们遗忘了，至今仍记得爱哭的我常常被奶奶摁到白面的桌子上，用竹条抽打。那时我打心眼里恨奶奶，现在想想自己当时的不明事理，不禁会心地一笑。

还有那些与爷爷在一起的美好时光——每到周末爷爷在家门前补网，我便趴在那理不清的渔网上听着收音机讲故事，看着爷爷拿着梭子的手，在网线之间穿梭、飞舞；暖洋洋的阳光照在那银色的丝网上，泛出丝丝银光，也照在爷爷那古铜色的脸、粗糙的手上。

回忆是美好的，现实却是残酷的——

儿时我有吃不完的鱼虾，现在每当吃到菜场买的鱼，便会想起了爷爷那个养了一辈子鱼的慈厚渔人、那满网活蹦乱跳的鱼虾。如今我很少再吃到爷爷养的鱼了，就只有下乡才能一饱口福，然而那鱼的鲜嫩、虾的鲜美却总是萦绕于舌尖。

城市中的高楼大厦，抹不去乡下的二层小楼的身影。城市中的宽阔马路，消不去那乡间的田间小径。

因为，那里有我的爷爷和奶奶。

# 林中落叶

姚　震

秋天到了，山间弥散着独有的芬芳。

春风是柔和的，夏风是热情的，冬风是清冷的，唯有秋风最为惬意，微凉而又柔和。她从天际翩然而至，吹减了炎阳的怒火，吹来了庄稼的成熟，吹黄了盎然的绿叶。但是叶子还不肯落下，他们知道时间还没到，他们还能再做些什么，所以他们一齐造就了这一幅美丽的画卷：树木高低参差，树叶茂稀互补，常青树和落叶树交错着，满山的金黄中隐约衬出几点绿意，显得格外美丽。

也许他们已经很累了，也许他们已经奉献够多了，他们总有一天会落下。这一时，这一刻，这第一片落下的叶子，带动了所有叶子，这些奉献了一世的叶子，都纷纷从树上落下。但我相信他们不会伤心，他们已经完成了他们的使命，尽管如此，他们依旧造就了遍地金黄的奇妙景色。

落叶纷飞，在风中自由地舞动、旋转，在它们曼妙的舞姿中，我的思绪也如同它们一样飘飞起来。

随手托住一片迎面飞舞的落叶，用指尖细细抚摸它那淡黄的脉络。这片叶曾经用绿色谱写过盎然的春天，又见证了近一年的风花雪月，如今它泛着古铜色的光泽，仿佛在向我诉说一段鲜为人知的故事。

　　叶的一生平凡而又光辉。初生的新叶赋予一棵树无穷的繁华，成熟的叶更是用自己的身躯陪衬了花朵的百般娇艳。寒冬酷暑，叶展开自己的身体，呵护着花，供给着果。她是一棵树的魂魄，是大自然的精灵。面对严酷的考验，它从不退缩，也不怕牺牲，因为它知道自己的一生十分短暂，没有时间去自怨自艾。它牢记着自己的责任，忙碌终生，至死也不忘回报自己的"生母"。在秋风的再三逼迫下，它离开了母亲，做了最后一次舞动，然后归附在树下，为树尽最后一点儿绵薄之力。我能看见，它最后的一舞是欢快的，它最后的表情是微笑的。温和而不失坚强的落叶啊，你是我心中的英雄。

　　人们总是赞美繁花似锦、绿树阴浓，却很少有人欣赏过落叶的美。让他们踏着落叶去赏花赞树吧，我要独自轻抚落叶的哀伤。

065

# 草

王奕姝

　　它的叶如一根细针，仿佛要刺破一切阻碍它的事物；它的根很小很细，却死死地缠住泥土，绝不放手；它的颜色青翠，泛着翡翠般的光泽。而它的名字却是这样简单——草。

　　春雪初融时，不知从哪里开始先探出了这么些翠绿的脑袋，隐藏在白雪黑土间，若隐若现，煞是好看。这时的人们才会注意到：哦，春天已经来到了我们身边。凑近了去看，那嫩得如同婴儿般肌肤的叶

默默坚守着

片上，还滚动着几滴露水，怎么能让人不勾起对它的怜爱？

可是，它才不屑你的怜爱和赞美呢，它还要继续长大，展现它多彩的生命。一块又一块的镂空地砖何时被铺上了绿毯？它可真会找缝儿钻哪，温暖湿润的田野里有它，这样逼仄恶劣的环境里它也能生根发芽！

暴风雨来啦，高大的乔木折断了臂膀，娇艳的花朵失去了芬芳，可是你看，那风雨中的小草，却将柔韧的腰肢挺得更直！它们高傲的头颅集体仰视，等待一阵又一阵风雨的洗礼。阳光再次照耀在它们身上的时候，这些草儿更绿了，更茂盛了，对于它们来说，风雨一点儿也不可怕，勇敢的心将它们团结在一起，守卫它们的领地。

谁说柔弱就等于无能，在小草的身上柔弱和刚强结合得那样完美，它们完美地诠释了生命的真谛。

我赞美小草，更赞美拥有小草精神的人们！

066

# 竹 之 韵

卢留颖

从幼年时，我就钟情于翠竹。它们亭亭玉立，修长挺拔，虚心有节，四季常青。我爱它在风中摇曳的婆娑，也爱它月光下静谧的倩影，更爱它风雨后挺拔的身姿。

我曾去过竹海，苍翠挺拔的老竹，如同甲胄裹身的武士，而弯弯的新竹，却又像柔情似水的少女。举目望去，那成方成阵的竹林，就像一队队、一排排跨马飞戈的兵团，而当漫步两旁茂竹夹道，竹叶轻轻拂面，又显得万般温柔，宁静和幽雅。

竹，既有梅花凌霜傲雪的铁骨，又有小草对抗狂风的柔和，它是刚柔并济的化身。风雪来临的时候，它与青松并肩而立，即使大雪漫天，也能傲然挺立。飓风暴虐，它又像一株株低微的小草，利用身躯的弹性，以弱制强。它一身正气，凛然不惧任何危险；它傲骨铮铮，不贪图虚名利益；它清高淡雅，从不哗众取宠。它用这样的品质倾倒了无数古人，如今又使我深深地折服。

我总是梦想着，做一竿竹，在山石清泉间，在清风明月里，让风从我的掌心穿过，留下一段美好的回忆。

# 风雨后的世界

林 晨

一阵风雨无声地来到了这个世界，将世界清理一下后就离开了。

我和朋友们走在这被风雨洗涤的大地上，清风轻吻着我们的脸，我的头发在风中飘扬，让我想起当年家旁的柳树，她的枝叶也在风中飘扬。我发现一切都已改变，不是说那些孤零零的，被风雨折断在一边的树枝和黄叶，而是大自然发自内心的一种深沉改变。身边的空气中散发着泥土的清香，人说"彩虹总在风雨后"。展现在我眼前的彩虹，真的别有风味。

我走着，在一个平时很浅的池边停住了脚，如今的它吸收了雨水，已是满满的。风拂着水面荡出一串串幸福的涟漪。我仔细打量着这个水池，一层泥浆布满河底。河边的苜蓿上有点儿水，它身边的狗尾头，枯枝，落叶，无一不是黄色的，一看就知是失去了生命。我想往前再走一步，可我的思绪仿佛是一只海鸥，准备飞向前方的大海，它比谁都知道危险，但它却比谁都要镇定。

不远处的丛林一片寂绿，正中间有几朵菊花，开得正盛。一种高傲清冷的气息从她们身上发出来，仿佛是一位位不食人间烟火的仙女住宿此地。高傲与艳丽让她们身边的一切都不禁失色。

冷流和暴雨把天空刷洗得如此干净，清澈，如同一块透明的玻璃。让满是灰尘的蓝天一下子消失得无影无踪。

我不知为何会这样，平时的天就会沉沉的。石块，垃圾箱，斜电线杆在人们眼中总是沉睡着的，仿佛是在等待着什么将它洗礼，让它破茧而出。暴风雨来临前，湿润的空气，黑暗的天空，飞走的砂石，冰寒的空气，夹杂着雷电的轰鸣，让世界仿佛脱离了路线，掉入黑洞一样。时间不长不短，一阵暴风雨就迫不及待地冲刷着地面。万物寂静。

然而，当乌云洞开，一缕阳光照进来时，万物又沸腾了，仿佛是末日结束，新的生活开始了一样。让人们对生活有了无尽的希望。万物都是新生的。

我拿着笔，将这些美景写进我的文中。同时也等待着我生命中的风雨来临。

# 花开花落

石峻峰

春天到了。乍暖还寒的春。

当温度计第一次在十摄氏度上下徘徊，芽便踏上了它的征程。

春与冬的界限是模糊的，而春又是不常有的，稍一蹉跎，夏便急急地，来赴自己的宴了。

"我得赶快……"芽儿想。

在人们还在斟酌是否要褪去繁重的冬衣、换上轻便的春装时，芽儿开始生长了。

它长得是极快的。起先，它还是一粒闷在阴暗潮湿泥土中的种子，但它很快突破了泥土的桎梏，珍惜在这来之不易的春日里一点一滴的雨水，拼了命一般伸胳膊伸腿，踮脚，抬头，像做广播体操一般拼命舒展身体。做阳光下的一株，与伙伴们共同沐浴春日的恩泽；做雨水里的一棵，和知己一起感受自然的洗礼。

每每路过芽儿，人们都感受到了新的盼头。看着那鲜翠的叶，稚嫩而又带有冲劲的藤儿，就会不由自主地浮想联翩了：它会长成一朵花么，在人们眼中艳丽，在人们心中芬芳；它会结成果么，让人们口内生津，在人们肠中升华？想着想着，心中冒出了芽儿，脸上，开出了花。

芽儿仍是默不作声的，它知道，时不我待，当春日的温柔荡然无存，当人们的心开始躁动，它的时间便不多了。

芽儿终于吐出了花苞。人们再一次路过，看见的，便是万千绿意中的一抹灿烂的黄。芽儿自言自语道，我原来是一朵花。于是，它便不再斤斤计较他人欲滴的青翠，而专注与自己阳光一般的金黄。

花开了。芽儿将积蓄了一个冬天的胭脂、粉黛，不分青红皂白地往脸上涂抹，虽然，它只是万千艳丽中的一朵。

夏天到了。芽儿舒了一口气，它完成了它的任务。自己的花瓣渐渐失去光泽，自己的叶片慢慢失去水分。它并不在意，因为自己曾经努力过，曾经拥有过自己的艳丽。

# 春天里的风景

070

周毅诚

春天已经来到，人们都说一到春天植物们就该苏醒了。

一天，我信步走在街道上，本要寻找一丝绿意，不想却偶遇了一片春色。循着阵阵拂过鼻翼的花香，我来到了对面街角的一个小摊前。小摊很普通，甚至不能叫作"摊"，只有一个女人，坐在一张小板凳上，叫卖着面前两个桶中的花朵。两桶花，有红的、白的、粉的……它们簇拥在一起煞是好看，芳香扑鼻，弥散在四周的空气中。人们驻足，有的是为买花，有的却只为陶醉于这芬芳。女人布满伤痕和皱纹的手拨弄着，娴熟地将一束束交给相中的买主，同时收着买主递来的钱，一切都很寻常而温馨。这时，人群中挤进来一个小孩儿，大约五六岁的模样。他对卖花人说："阿姨，你的花好漂亮，我想买一枝送给妈妈，可以吗？"卖花人笑着说"好啊，小朋友。你自己挑一枝吧。"小孩儿认真地看着桶里的花，并不用手去翻拣，只是凝视。突然，他指着其中一朵，说："阿姨，我想要这枝。"顿了顿，又说："可，可我没有钱。"人群中传来了几声轻笑。卖花人沉思了片刻，问道："小朋友，你的家里人在哪呢？"小孩儿往身后一指："在前面路边车上等我呢。"卖花女人说："那好，这枝花先给你，你等会儿再把钱送给我吧。"小孩儿开心地接过了花，蹦蹦跳跳地走了。

我十分惊奇，暗暗想：她就不怕小孩儿拿走了花不回来了吗？我有点儿不解。可是出乎我的意料，几分钟后，小孩儿又回来了，他笑着把钱递给了女人，说了声"谢谢阿姨！"就离开了。女人也笑了笑，把钱放进包里，好像没什么不寻常的，继续忙碌起来。

我突然觉得彼此信任的心灵，就如春花一般美好，怀揣着这份美好，我仿佛走在了温暖中，也走在了春天里。

# 那年夏天

焦之源

记忆最深的夏天，是有一年在小姨家度过的。

小姨的前院栽着许多植被，每至夏天，家中便会氤氲着几缕悠扬蓬勃的香气。蔷薇绵延了整个铁架子，在绿丛中若隐若现；石榴花不似其他花那般平整，反倒像几经踩躏似的，像盘旋燃烧的火焰，又像舞姬绯色的裙裾。还有许多花，叫得上名的，叫不上名的，像是应了谁的号召似的，呼啦啦一下在几夜之中全部绽放了。到也是极喜人的。

夏日的午后，没了早晨那般气势，却平添了几分慵懒。蝉儿应和着树，有一声没一声地叫着。我拿了把"铁铲"，蹲在树丛边玩泥巴。挖个坑，将水倒进坑里，再使劲搅一搅，用根枯树枝在泥巴里面蘸一下，便在水泥地上开始乱画起来。

画些什么呢，想到了！我认真地画一个圆形，算作我的头；再画四条直线，算作我的胳膊和腿……十分钟过去了，二十分钟过去了……我满意地看着我手中的杰作：一个宫殿，还有小姨和我手拉手笑着站在一起。身旁的小姨看着我画的画，笑着，而后，转身为我在泥坑里添了点儿水。

夏天的夜晚也是值得一提的。如果说午后是因为好玩，那么夜晚便是好吃了。小姨家买了西瓜洗净，切好，放进盆里，又将盆子放入井水里冰镇，如果兴致来了，还会将家中的几张长板凳搬出来拼成个床，铺上凉席，置上蚊帐，我和小姨就躺着看星星。蚊帐将星星遮掩得愈发神秘，有的星星大一些，有的星星小一些，但颗颗明亮似钻石，随意地零落在天空，流光溢彩。偶尔有几只萤火虫趺趺撞撞地飞着，随着星星在黑色的幕布上浮浮沉沉，我便痴痴地看着，良久也舍不得眨一下眼。躺在沁凉的席上，觉得再也不想起来了。

多少年过去了，我却仍想起小姨的后院，只觉得那年夏日，落英缤纷。

# 破 茧 成 蝶

陆宏红

　　人们惊叹于蝴蝶在繁花丛中翩翩起舞的妖娆身影,它们宛若仙子,可谁又知道那美丽惊艳的背后,它们所付出的艰难呢?

　　一只毛毛虫趴在花朵上,它全身绿油油的,体态臃肿,它望着枝头的鸟儿丰满鲜艳的羽毛,花丛中蜜蜂轻盈几近透明的翅膀,它内心一阵羡慕,反观自己,它觉得自己什么也不会,又丑陋至极。其他的动物总是嘲笑它的一无是处,谁也不会将它与蝴蝶联想在一起。

　　它自卑极了,但妈妈的话在它的耳边响起:"孩子,快快长大,当你经历了艰辛的结茧,再从茧中钻出,你就会变得美丽,无人能比。"它想来想去,决定不再自卑退缩,它要变得美丽自信。它想唯一的一条路便是——成长、结茧、钻出。它终于能吐丝了,于是拼命地吐丝,不分昼夜地编织着。随着茧的一天天加厚,光亮一点点地变弱,终于有一天,它的周围没有了一丝光明,一阵浓浓的倦意袭来,它慢慢地闭上了眼,陷入了深深的沉睡。

　　当它再一次醒来,它发现茧子已紧紧束缚着自己的全身,使它感觉喘不过气来,它想要冲破茧,它一次又一次的撞击茧,可厚实的茧并没有丝毫的反应,反倒每一次撞击带来的疼痛袭遍了它的全身,它几乎疼得麻木了。但它仍坚持着,一次又一次地撞击,它越来越累,本想放弃，但妈妈的话又一次在它的耳边响起。它冷静下来观望四周，明白撞击是没有用的，于是它决定改变一种方式，它拿出最后的一丝力气，拖着疲惫身躯用嘴撕咬着茧，不知过了多久，光亮通过稀疏的丝照了进来，它成功了，它咬开了茧。

当它爬出茧时，一阵轻风拂过，它愉悦地张开了翅膀，望着自己纤细美丽的身躯，扇了扇自己轻盈透明的翅膀，它知道它做到了，它现在有了比鸟儿羽毛更加鲜艳的色彩，有了比蜜蜂更加美丽翅膀，它在花丛中翩翩起舞，其他的动物都赞美它的婀娜多姿，可是，谁也没有想到它就是曾经被它们嘲笑的毛毛虫。

毛毛虫经过艰辛困苦的蜕变，终于变成了蝴蝶，收获了美丽自信。我们人又何尝不是只有付出艰辛，不断蜕变，才能摘取成功的果实呢？

074

# 从这儿出发

　　夜是那么寂静，哪怕是一声小小的声音都会弄断我那紧绷的神经。每一步的前方都无法预知，一条本来不长的路似乎变得无限长了。但我没有再回头，朝着前方，朝着家的方向，在黑暗里慢慢前进！

# 风　雨

吴沁怡

　　先是一根细瘦的光杆儿无声无息地出现，慢慢地有两片嫩叶儿怯怯地探出脑袋，接着，又是两片……

　　"妈妈，妈妈！快来看啊，这是什么？"一位笑容甜美的年轻妇人走到院中，仔细端详了一会儿："这是豆芽儿。""豆芽儿？太棒了！"一个小女孩儿手舞足蹈了一阵子，突然想起了什么似的，跌跌撞撞地跑回屋中，再出来时，手中多了一根细长的木棍。小心翼翼地插在豆芽旁，仰起脸问妈妈："它会爬藤的，对吗？""会不断长高的！"妇人宠溺地摸了摸小女孩儿柔顺的发。

　　"妈妈，你快想想办法嘛！"这是一个很不平静的夜晚。狂风呼叫，卷起无数沙石，大雨倾盆，"啪啪"地击打着万物，毫不留情。屋内，小女孩儿急得直跺脚，眼眶也已通红："我的豆苗儿，本来身子就弱，这场风雨……"妇人却也无可奈何："过几天妈妈再帮你找几粒豆子种吧。""不会的，我的豆苗不会有事的！"几滴晶莹的泪珠滚落。

　　风雨过后，一片凄凉，那株豆苗正匍匐在地上，中间一处已经断裂，叶子也被风卷得没剩几片。小女孩儿含着泪，将豆苗儿剩下的半截软绵绵的身子轻轻扶起，靠在一边的木棍上，轻声细语："我的豆苗儿，你一定要坚持住啊，妈妈说的，大难不死必有后福！"

"哎，你有没有听隔壁萧阿姨说过她家院子里的那株豆苗！"

"当然听说过，经历了那么猛一场风雨的洗礼，不仅没死，还长得比一般豆苗儿好呢。"

小姑娘似乎明白了什么，点了点头！

院中，一株豆苗儿努力向上爬，叶子如翡翠般鲜绿，一个个豆荚中豆子已经饱满，整个院子一片生机勃勃的景象。

"经历风雨后，你更精彩了。"小姑娘说道。

豆苗如此，我也是这样。成功的背后，一定有艰苦的磨砺！

小女孩儿望着豆苗，喃喃自语："感谢风雨！"

# 小草之花

张瑞瑞

生命，五颜六色，让生命开出美丽的花朵，是每个生命的追求。

不知何时，房子的墙角处，长出了一棵青青的草，说不上什么名字。它随风摇曳，无忧无虑，展示了新生的灿烂与轻松的气息，就像一个孩童，刚会蹒跚走路，边走边微笑。

我心中产生了一个坏坏的念头，却又急于实行。不多久，一个大大的手，捏住了草的身子，往上一提，草竟"啪"的一声，从中间断开了。手上草的断口处参差不齐，如狗咬了的一般，望着另半边身子在原处，似乎感到了它的疼，还听见轻轻的呻吟。

可是，风依旧清爽，阳光依旧明媚，那半截草在风里，在阳光中依然如故。

一个星期后，我又来到了墙角，想看看那株草是不是灰飞烟灭了。但我的眼睛被它吸引住了，还是那株草，那份绿意，只是不知何时，上边多了个像小米一般淡黄的花苞，也许里面睡着一个"仙子"吧？这次我不忍心下"黑手"了。

果不其然，几天后，那小米一般的花苞开出了一朵花，还真是一位清雅的仙子呢！草托着她舞蹈，在风中旋转，奏响着一曲"命运交响曲"。

突然的不幸，默默地忍受，努力地挣扎，也能获得小小的喜悦！

看着看着，我仿佛也成了一株草，长在这大地上，众多困难源源不断来，也许，我也会像草一样被突然掐断半截，即使如此，也要让困难、挫折成为我顽强生长的肥料。

只要心中孕育着希望之花，就要坚信在不久的将来，一定也能开出自己的梦想之花。

一株草，一个人，两种事物，让我明白：

成长不易，生命真美！

# 喜欢星星

吴一凡

时光悄然流逝，一切都日新月异，再无法找寻那属于过去的影子。然而，我却固执地喜欢着记忆中的漫天繁星，任凭沧海桑田的转变。

上学以后，我便对星星产生了浓厚的兴趣。那星星是多么神秘，小小的，一闪一闪的，无论我多么努力地伸手，都无法触及它们。幽幽冷光笼罩着我，在我的心头凝聚成了一颗同样璀璨的星星。多少个夜晚，我在它们的陪伴中安然入睡。渐渐地，我放弃了想要捉住星星的愿望，更愿守护着梦幻般的星光，在它们默默的祝福与陪伴下中慢慢长大。

后来，母亲给我讲述了牛郎织女的故事。他们之间浓浓的爱感动了我。从那以后，遥望夜空，看到的已不是闪烁的小星星，而是一颗颗纯洁、美好的心。

因学业慢慢繁忙，我已无多少闲暇时光去赏星星，但我的脑海里星星的画面依旧生动如初。疲倦之时，是星星，给了我无穷的力量，直到那一天——

"什么？星星竟然是炽热的、死寂的球体？"听着老师滔滔不绝的讲述，我愣住了。神奇的星星，纯洁的星星，怎么变成了死寂的星星？这种颠覆式的变化，让情感出现了断裂、崩塌。

晚上，当第一颗明星在漆黑的天幕闪耀时，我狂奔到屋外，星光格外柔和，莹莹微光抚慰着我的心灵……闭上双眼，我仿佛成了星空的一部分，我好想成为那颗最大，最亮的星星。我的莫名的彷徨，丝丝的纠结，在不知不觉间，消散在广阔的星空里。

夜空中的星星，在我的心中，永远是小小的，一闪一闪的，是神奇的，是有生命的，它们由人间的爱凝聚而成，永不会凋零。我固执地喜欢着记忆中的漫天繁星，任凭春去秋来，花开花落。

星星，你们听到我的心声了吗？我真的好喜欢你们！

# 两棵多肉

张若曦

　　我站在窗前，凝视着这些来自南美北美沙漠中的小精灵。它们却叶子蔫吧，无精打采，甚至都枯萎了几片，在烈日骄阳的伺候下，因为我浇水无意中溅了几滴水在叶片上，结果叶片就因为水滴的聚光而被灼伤了，好似几颗生长在天津危险品仓库旁的树那样丑陋。难道，难道这就是那些饱满圆润，颜色亮丽的明珠么?我难以置信。它们偏偏又是那样的娇贵，禁不起一点儿折磨，稍不小心它们就一命呜呼，留给我无限的失望和茫然。

　　渐渐地，我对它们失去了兴趣，但我仍然抱有一丝希望。我每周给它们浇一次水，并不定期的施一次肥，至于除虫，松土，换盆的诸多细节，我是再也不去做了。

　　夏天过去了，次年夏天又来到时，十余盆多肉只剩下了为数不多的两盆，被我送进了阳台的一个角落，除了阳光、泥土和一些雨水，它们一无所有，成了满园芬芳中的另类。

　　但是令我意想不到的奇迹居然发生了。此时正是它们生命的第三年的那个冬天。窗外，寒风刺骨;窗内，百花凋零。我感叹着眼前的衰败之余，却不经意间将一抹混着红艳的新绿收入眼中。咦，那不正是那两盆多肉吗? 我又惊喜又惊疑地冲向了那个角落，简直怀疑它们是塑料制品。我仔细地端详了一番，它们的叶片此时正茁壮生长着，生命的力量已将当年的破败一扫而空，取而代之的是勃勃生机。我连忙找来两个精美的盆，让它们搬进新居，可搬家的过程很不容易，因为它们的根几乎塞满了整个盆，原来，自身的奋斗更重要！

一个人，是不是与多肉一样呢？要想长出一片又一片的迷人饱满的叶子，只有外在的呵护，没有自己的努力与顽强就是徒然。

两棵小小的多肉，竟让我想了很多，实在意外。

# 记得那一次出发

程思聪

081

在那无边的黑暗里，看了最后一眼充满着温暖和光明的小房子，我在心中暗暗说："出发。"

春节，偏远的小乡村，我随父母来到了亲戚家的临湖独栋——一处远离我家的小房子。吃过晚饭后，父母因为有一些私事要与主人谈论，而我则需要回家完成作业，便准备自行回家了。

走出房屋的大门，屋里那温暖，光明，充满着欢乐的世界仿佛一瞬间离我远去了，眼前的世界是黑暗的，沉寂的，恐怖的……

看着远处的目的地有一点儿暗淡朦胧的光亮，又看了看无边的黑暗和若隐若现的小径，我的心中突然被无助和恐惧包围了，一时间竟迈不动脚，默默地站在小房子前，想多感受一下最后的光明和温暖。

过了好一会儿，我还是站在门口，难以走进黑暗的世界，此时，我仿佛成了那个卖火柴的小女孩儿，借助着火柴的光芒享受着最后的温暖。

"该走了，一点点黑暗就会让你惧怕吗？"

"不行，不行，这黑夜太可怕了，万一出现了意外怎么办？"

"那你想成为第二个卖火柴的小女孩儿了？"

"那也总比在黑夜里担惊受怕好！"

我挣扎着，想从这无止境的纠结中迈出一步，可是，这一步却不知为什么这样的艰难。

突然，心底出现了一个声音："出发，不要留恋光明和温暖，不要畏惧黑夜与恐惧。男子汉需要勇敢面对一切困难！"

"出发！"

我恋恋不舍地再回头看了小屋一眼，踏上了黑暗孤独的小径，在寒风中一步一步地前进。

夜是那么寂静，哪怕是一声小小的声音都会弄断我那紧绷的神经。每一步的前方都无法预知，一条本来不长的路似乎变得无限长了。但我没有再回头，朝着前方，朝着家的方向，在黑暗里慢慢前进！前方的亮点，一点儿一点儿地变大，终于走到了村口，终于到家了。

我最终战胜了黑暗！

# 暮色小径

任再言

小区的深处有一条普通的小径，陈旧的土路上有的地方半露着一些碎石子。

这条小径上行人不多，我也不常走——谁会没事走这段不起眼的路呢？

上周三，下午最后一节课又考试了。时间过得飞快，我陷入了难题困境，有一道题目还没理出一丝头绪就已收卷。还未缓过神来，黑板上密密麻麻的作业又闪了出来。哎，一切简直糟透了。

太阳已欲下山，余晖已不刺眼，我却没勇气抬头看它。书包中不过十几本书罢了，却感觉被压得走不动路。我低着头回家，忽然发现灰暗的水泥地面变成凹凸的泥土，我竟不知不觉走到了这小径的边缘。

抬头望去，夕阳透过枝叶，弯弯曲曲地洒向地面，泥土散发着伴有花香的清新味迎面扑来，将我一步步向内引入，树上的小鸟们安静地立着，享受着这最后的阳光。

此刻，我仿佛忘记了考试与作业，心中莫名涌出了许多感慨，却很难说清，或许这是我一次发现这小径是如此美丽。

太阳终于还是落下了，暮色却还没立即来临，蓝紫色的天空传递着一股凉意，让我平静了下来。我稍稍加快脚步，转过一棵树时，隐约看见一位老人在圆桌上独自下棋。

我小心翼翼走过去轻声问老人："您怎么一个人下棋？"

老人按下一颗棋子说："与自己下棋，能减少压力，慢慢反思，体悟出下棋之道。"

我不禁心中一惊：超越自己，比超越班上同学更重要。

我释怀地笑了。

天已经黑了，小径上，除了虫鸣，我无法再捕捉到其他东西，但我的心中却收获了许多。

有人说，在人生路上难免会迷失自我，而我却在这暮色小径上寻回到了。

084

# 慢 慢 行 走

李红红

在人生旅程中，你会选择急速奔跑，还是慢慢行走？

前几天，去了趟公园散心。天才蒙蒙亮，公园里，只有一个老人和一个年轻人。他们都围着公园中心广场活动，老人在慢慢行走，淡然闲适；年轻人热情活力，斗志激昂。不知已经是多少次经过老人身边后，年轻人终于放缓脚步，擦了擦额上的汗水，有点儿得意，开口说道："老人家，你怎么不跑起来呀，是跑不动了吧？哎，年轻真好啊！"我看着年轻人，略微皱眉，又有些担心地看着老人，等待着他的回答。

老人步伐不乱，依然保持着之前的速度，缓缓开口："年轻人，你说，你的前面有什么？"

年轻人似乎有些不明所以，但还是回答了："我的前面，有花、有草、有山、有河……""嗯，还有呢？"

"还有金钱、事业、名利、爱情……"

"那么，再前面呢？"

"再前面？那已经是遥远的天际了，应该是生命的终结了吧？"

"既然如此，你为什么奔跑呢？"

不仅是年轻人，我也一怔愣住了。

既然前方是生命的终结，那么，跑什么呢？慢慢行走，不更好吗？

回过神来，老人又已开口："你的后面有什么呢？"

这一次，年轻人没有脱口而出，迟疑地说道："有……有亭子，有师恩，有……"声音越来越小。

"那么，你曾经好好享受过这些吗？"

"没有，我一直在努力奔跑，从没留意过这些……"

"所以啊，"老人拍拍年轻人的肩，"还是慢慢行走吧。"

慢慢行走吧，体会山河壮丽，感悟世间百态。

不要急着奔跑，路的尽头，便是生命的终结。

# 成　熟

吴卓如

我静立于这棵树下，背着手，仰望明月。

十一年前，在一个温暖的怀抱中，来到这里。感到了光线的柔和，睁开眼，好奇地看了明月一眼，挥了挥小手，便失去了兴致，在耷下眼皮之前，好似看到了一眼绿意……

十年前，步履蹒跚地来到这里。手扶一颗树苗，不经意间抬头看到了明月，心中立刻浮现出妈妈做的一个个金灿灿的馅饼，狠狠咽着口水，忽觉嘴里苦涩，呸呸几声，原来是不知何时将一片嫩叶放入了口中……

八年前，怀着满心好奇跑到了这里。刚刚听爷爷说明月上有一颗桂花树，长得非常茂盛，整个人间都能闻到浓郁的桂花香。我认真地嗅了嗅，好像真的有一股若隐若现的香味呢。但心中有点儿妒忌，有什么了不起，等我的这颗小树长大了，开的花一定比你香……

六年前，慢吞吞地来到这里。今天课堂上老师说，所有关于明月的传说都是假的。这么多年来有关月亮的故事，真的都不存在？那爸爸一次次指点我看明月上的人、桂花树都是假的？哼，坏蛋，竟然骗我！眼前的这棵树长高了，比我都高了……

四年前，急匆匆地来到这里。原来，明月是一颗巨大的星球啊。

而且，已经有好几位宇航员在明月上留下了自己的脚印了。我也好想登上明月，去看看月亮上的真实情景。这树长得真快呀，枝叶茂盛，努力奋发……

两年前，轻缓地来到这里。今天刚好是八月半，这明月寄托了多少文人墨客的情怀。今夜月圆特圆，本应是团圆之时，但还有无数人身处在异国他乡。一片树叶飘落在我的肩头，仿佛是大树正在抚慰树下这个读诗读得太入神的女孩儿……

此时，我迈着悠闲的步伐来到了这里。仰望明月，眼中却无一丝波澜。心静如水，这，便是成熟吗？回首这些年来一步步走向成熟的历程，忽觉桂花香四溢……

# 对话李白

贺泽远

你，被后人称为诗仙，因你一生诗作无数；也被人们称为酒仙，因你常喜酒而喝得酩酊大醉，"斗酒百篇"让你的诗名和豪情在中国文学史上大放异彩。

"举杯邀明月，对影成三人。"这让一般人看来多少有点儿癫狂和异常，正常人何来拿个酒杯与明月对饮？没准以你的性格还会在竹林里或花圃中，手持宝剑，手舞足蹈，和疯子一般叽叽歪歪，乐此不疲。然正常人又哪来你的这种浪漫和豪放，与月亮做朋友，不得不让人为你折服，这种豪迈中又掺和了你"独酌无相亲"的一种孤独，月亮，也只有月亮才愿意陪你，懂你，这又是一种何等的孤绝和清高。

"飞流直下三千尺，疑是银河落九天。"整句体现了一种气势和气魄，水流湍急，直泻而下，从万丈悬崖跌入潭底，一路和崖岩撞击，如千军万马，挟万钧雷霆，这种比拟常人难以想象出，这是何等的壮观，撼人心魄，让人心生遐思，豪情万丈。这种豪气和霸气或许也是你人格的写照吧！

"白发三千丈，缘愁似个长。"这句诗中你陡然间又充满了愁思，有着对国家和个人命运前途的深深的忧虑。可是，短暂的郁闷之后，你那豪放的气派和风格依旧未改。"三千丈"的烦恼丝，是你当时心情的写照，读着读着，让我们从你那豪放身影后面，体味到你久久挥之不去的忧国忧民的情愫。

"床前明月光，疑是地上霜。"是你最经典的诗句了，从儿时起我便能背得滚瓜烂熟。不知你的在天之灵，能否知晓，也许这也是全世界被PS过最多的一句诗，版本之多，数不胜数。但在我看来，你那一种思乡的情怀是永恒的，明月下的愁与思都让我们铭记一生，不论它被后人玩弄式的修改过多少，丝毫不会被人们遗忘。

诗仙李白，酒仙李白。你的诗启蒙了我们的童年，荡涤着我们的灵魂，不管岁月怎样流转，你和你的诗都将如灿烂星斗永远闪耀在中国文坛上，折射出不朽的光芒。

# 对 话 杜 甫

窦佳仪

　　您自幼好学，酷爱诗词文学，十几岁就能写一手好诗，但才华横溢却不受朝廷的重视，而往往因为这样的逆境，促成他那千古绝唱的佳句，也是因为这样的逆境，造就了这独一无二的诗人——杜甫。

　　亲切地称您的诗为"诗史"，格调个性鲜明，爱国情怀与豁达的心态融为一体，相得益彰，不仅有"读书破万卷，下笔如有神"的谆谆教诲；有"漫卷诗书喜欲狂"的豪放开朗；有"感时花溅泪，恨别鸟惊心"的儿女情长，还有"但见新人笑，哪闻旧人哭"的惆怅。也许，这些词只是你的情感不经意间的流露，但却传诵在多少代人的口中，也许，"此曲只应天上有，人间能得几回闻"吧。

089

　　踌躇满志的你却怀才不遇，政治一直不得志的你却没有放弃写诗，正因如此，我们才可以知道原来在唐代还有一位像您这样拥有无尽才华的诗人，只因时代相隔，不然有的疑问，想要亲自问您，您这么受人排挤，是怎样在逆境中振作，迸发的？也许回答我的只是无边的寂静，但我坚信，在这当中一定有一个细微却又坚定的回答，那就是要有不屈不挠的心，我想着你当年在登泰山时写下"会当凌绝顶，一览众山小"的气魄，就豁然开朗，站得高，才看得远。

　　在您一千多首诗歌当中，我读到了爱国的情怀，读到了思乡的牵挂，也读到了一种对世间万物的眷念，还读到了对自己怀才不遇的忧愁和伤感，这一切的一切都将流传千古。

# 难忘元宵

孔溢文

"春雨惊春清谷天，夏满芒夏暑相连；秋处露秋寒霜降，冬雪雪冬小大寒。"在这异彩纷呈的二十四节气中，有着众多的农历节日，可在许多人的眼里，春节太忙太累，小节过多不热闹，真正使人放松尽兴的只有这一元宵节了。

相传这元宵节由汉代王宫内开始流传，我在日历的一声声翻动中惊喜地看到，这令人神往的一夜又一次如期而至了，这一晚，上街赏灯自然成为最令我兴奋的事。

浑圆的月亮高高挂在天上，空中升着袅袅青烟，这是燃放烟火所致，可在我眼中却如祥瑞鸿吉之气。刚吃过晚饭，远处的爆竹声已开始响起了，我与父母表妹一大家人准备动身上街。

宽阔的街道上人显然比往日多，到达步行街时，周围更是人山人海，说是摩肩接踵已不过。路边摆满了卖灯的小摊，种类多样，令人眼花缭乱、目不暇接。灯火通明的架子上，多是虎年吉祥物，各种塑料灯具各有名号：虎虎生威、如虎添翼、生龙活虎……，这些小玩具即便大人看了也欲罢不能，自然围满了许多孩子。此外还有其他各种动物造型的灯，以及莲花造型、卡通人物造型的灯具。此时周围人声鼎沸，远处燃放烟花之声不绝于耳，真乃盛世奇景。我想起辛弃疾的词句"东风夜放花千树，更吹落，星如雨。"几百年前的东京汴梁元宵夜之景，也许与今日差不多，这不禁使我想起厚德载物的中华民族在历史年轮中走过的无数沧桑岁月，所流传下来的民族瑰宝，元宵节便当属此中佼佼者。经过时间的洗礼，历史的沉淀，终于造就了中华民族特有的节日，它应当可以代表这五千年来中华文化底蕴，它可以无愧于自己，使中华民族永远屹立于世界民族之林。

茫茫人海中，在街道一角，灯火阑珊处，我找到了期待已久的手工纸糊的猴灯，于是便毫不犹豫地买下。卖主是一位书卷气很浓的小姑娘，玲珑的鼻梁上架着一副清秀的眼镜，她腼腆地为我点好灯，再递给我，纸糊的灯虽简陋但给人古朴之感，望着它，仿佛自己正徜徉于北宋上元灯火之夜，着实使我沉醉。表妹却坚持她手中的电动玩具灯更有趣，她还是个小不点儿，那样子实在让人觉得可爱。

"看那边"爸爸猛然用手指着天上，放眼望去，我在闪电般的一刻，觉得自己恍然跌入了幻境，我不相信自己的双眼，空中有无数亮点，灿若繁星。过了一会儿，我才回过神来，这不过是孔明灯，但数量之多实在令人惊奇，表妹也看痴了，阿姨便忙着给她作了解释，这也是许愿灯，你有什么心愿可以写在灯上，让它飘向远方带给你心想事成。这时表妹忽然用小手指向远处："那个灯最大。"我们循着她的指尖望去，那是一轮明月，家人都在笑她的童稚，但发笑之余，不禁使我们想到，此时全国人民正共同欣赏这同一个月亮，不正是中华民族精神的载体吗？它对我们伟大的中华文化，具有异乎寻常的意义！

在父亲的提议下，我们一大家人也去买了一个孔明灯，我们来到广场上，阔大的广场上人头攒动，更多的人也在聚集着点灯，我们加入了这个行列，一家人围着点燃了灯火，随着爸爸一声"起！"我们松开手，灯摇摇晃晃但很强劲地开始上升。紧接着，广场上几十个大灯也接连升空，周围开始有人喊，很快蔓延到了整个广场。顿时，如潮水一般整个广场都沸腾了，连同我在内无数的人开始呼喊。这是一个壮丽而神奇的时刻，眼前火球在腾飞，周围是亮如白昼的灯火，谁人不热血沸腾？谁人不血脉贲张？

# 我心中的期待

唐蔚翔

爸爸，今晚你回来么？

092

爸爸，与你分别已经一年了，今晚你回来么？我问过妈妈，她说你很忙。爸爸，你怎么会这么忙呢？

年夜饭是在公公家吃的，公公留我住在他家，我谢绝了，因为我期待你的回来，我要回家等爸爸。

回家以后，在妈妈的允许下我打开了电脑，上了QQ，问我的同学们在干吗，他们都说在吃团圆饭。那说不出的滋味在我心中又开始蔓延，那份期待之情越发强烈。他们问我的时候我都没有敢回答就下线了。妈妈说："先到房里来看电视吧，我也等等他。"到了十一点多钟，妈妈无声无息地睡着了。我悄悄走下床，关了电视，轻轻地走出房间。我知道，妈妈累了一天了，该让她歇歇了。

我来到房外，打开电视坐下时，一股莫名的恐惧袭上我的心头，寂寞的畏惧悄悄地爬上我的心头。正当我想回房时，电话铃声响起，拿起话筒，耳畔传来了那熟悉的声音："儿子，爸爸晚上十二点半会赶回来的，你要等我呀。"一股亲情的温暖涌上了我的心头，期待之情驱走了我心中的恐惧，赋予了我男子汉的气概，让我有勇气第一次独自面对黑暗。

春节联欢晚会中的精彩节目，让我忘却了恐惧，忘却了时间，忘却了等待，却无法让我忘却爸爸的归来。看得无聊时，我来到了窗前，轻轻地拉开窗帘，漆黑夜空中，我似乎看到了雪花，似乎听到了来自这些精灵们的呼唤声，多么欢快而兴奋啊。与此同时，我蓦地回头，看到了新春的钟声在人们的欢呼下敲响，我随口吟道："子时钟声换新春，隔窗望雪盼父归。雪飘风萧兮，我在窗前望，何时才能望父归，合家欢庆贺新岁。"

还有半个小时，爸爸就要到家了！我心情激动地坐在椅子上，盼望着爸爸踏雪归家，和我们共同开开心心地过年。

然而，事实却总是出乎人的意料的，十二点四十分了，爸爸还没回来，我的心又一次跌入深渊，可是我一想起爸爸那充满温度、又充满力度的话语，我继续等待——因为我相信，爸爸说了回来就一定会回来的。我迷迷糊糊地看完了春晚所有节目，当我快坚持不住的时候，一阵急促的脚步声惊醒了我，我立刻站了起来：一定是爸爸回来了，那么熟悉的脚步声，那么清脆的开锁声，除了爸爸，还会是谁呢？我连忙起身迎接，果然是爸爸。他抖抖身上的雪，惊讶地看着我，而后紧紧拥抱着我。

我看着窗外的雪，欣慰地在日历上注示：新年第一天的一点零四分，爸爸回来了……

# 新 台 阶

王辰文

啊!

鲜血淋漓的膝盖,没有尽头的石阶,我伏在墙边挣扎着。

锋利的石尖从表皮划过,发出的声音刺痛着我的神经。不敢低头看那感觉已经流到小腿的红。面色惨白,仿佛呼吸都是那么困难。我张大了嘴拼命地吸取着似乎已经混了血腥味的空气,内心如被石尖划开的表皮,撕心裂肺地疼。

"真的猛士,敢于直面惨淡的人生,敢于正视淋漓的鲜血。这是怎样的哀痛者和幸福者?"大约是最近一直在看鲁迅的文章,这几句话不知怎么地就撞进了我的脑子里。于是咬咬牙,内心不再挣扎不安,逐渐平静下来。抬起我因恐惧几乎已经僵硬的手臂,小心地背过去,从背后的包里掏出一包纸。颤抖地打开包装,扯出一张,纸却被手心的汗瞬间吸满了。只得再抽一张,颤抖着、眯着眼、轻轻地吸附在膝盖上。闭上眼,调整呼吸。

手上沾满鲜血的纸巾已经一大团了,内心却越来越坚定,呼吸也逐渐平稳了。简单地处理好伤口,用雨伞作拐杖,我决定继续向上。右腿先向上挪一阶,右手撑着石墙沿,左手擎着伞戳着地,左腿弯曲着,小心地保持原来的姿态,慢慢地往上挪,放下。一阶台阶被我甩在了身后，一阶新台阶展现在我的眼前。复制、粘贴刚才的动作，一阶台阶又被甩下去了，一个新台阶又出现了。我被这简单的往复吸引了，脚步也不似先前那般生硬了。匀速呼吸，匀速向上，风轻轻地吹，草轻轻地摇，我轻轻地越过一个又一个台阶。

一步，又一步，太阳渐渐升高。

天不再那么高，楼不再那么远，终只剩下那最后最高的一级石阶。跨上最高台阶的那一刻，我感到胸中沸腾，我终于站在了这座山的巅峰。蓝天白云，苍茫大地，内心的喜悦全在这画一样的世界里了。

从小到大，我们要迎接多少挑战，迈上多少台阶。那一次，终于明白——每一个新台阶的背后都会有付出和辛劳。成功的光环会黯淡他们，但这些终将成为每一个台阶的宝贵财富。

现在，那块伤疤还在，深深浅浅的黑白仿佛是刻画了成功的新台阶，展现着那一幅成功的图画。

095

# 长　大　了

陈雨沁

风儿领着路，将我带向六年级。

六年级教学部，那个神圣的地方，我，走到三楼与四楼的交界处，停住了脚步。我的心中充满欣喜，迈出这步，踏上这层台阶，我将进入毕业班，可我的心中又紧张万分，时光好像一转眼就溜走了，我仿佛还在小学刚入学的那天，我真的能考上理想的初中吗？我真的长大了吗？正当我犹豫时，我遇见了她——一个个子矮小的小姑娘。

她的手上捧着一大堆作业本，那光滑的书页摩擦着，"啪嗒"一声，像是被风娃娃追着，摔在了地上，散成一朵朵花……那一刻，我见她轻微地喘了一声气，可随后却立马反应了过来，蹲下捡起那一本本散在地上的作业本。我这才反应过来，连忙蹲下，捡起身边的本子。

本子虽多，但一本本捡起来也快，本以为没什么事了，可当我把手上的本子给她时，加上她原有的那一堆，我发现她的小脸已涨得通红。犹如一只脆弱的蝴蝶，被那巨石压得无法动弹，只是徒劳无功地在扑棱着自己的翅膀……我看了眼时间，离报到还剩二十多分钟，不如帮她一把。

我将作业本捧去一大半，她咧开自己那缺了几颗牙齿的小嘴，露出一个笑容，甜甜地说着："谢谢你。"她似乎还想对我鞠个躬，奈何还有本子在手上，无法实现，可尽管如此，我的心中依然乐开了花。那种开心的滋味，好比顽皮的孩童突然得到了自己喜爱的糖果，迫不及待地放入口中，糖果在嘴里打着转儿，慢慢融化，甜的是口，蜜的是心……

我陪她把作业本搬到她的教室门口，却见我的老师也在那儿，他见了我，或是惊喜，或是意外，两人彼此都还没想好如何开口，那个孩子跑了来，笑着说："老师老师，是这个小姐姐帮我把作业本搬过来的，本子太多了我搬不动，小姐姐主动帮我还不收费哦！"许是她的语言幽默，又或是其他的原因，那一刻，我们都笑了，笑她的可爱，笑我的成长……

"长大了，我以前看在眼里的孩子也长大了啊，老了老了，看着你们真的很开心……瞧瞧我都高兴得语无伦次了！老师相信你，会越来越好的！你一定会'更上一层楼'！"老师高兴地说着，说着说着，却是突然转过身去了，我知道，他藏住的，是红了的眼眶，还有落下的泪……

在迈上那阶新台阶时，想着刚才的事，虽有伤感，但一瞬间却突然懂了。

迈上这阶新台阶，虽意味着我要开始新的征程，新的开始。从此刻起，我将真正成为一名小学毕业班学生，无论是学习还是生活，每一个方面我都会"更上一层楼"，踏实地走好每一个台阶，留下每一个努力的足迹，成为更好的自己。

也许前面是荆棘，但当我迈上这步台阶，我必将披荆斩棘，登上知识与品德的高峰！

# 孩子，加油

朱　迅

097

"孩子，加油！还有几个台阶就到山顶了！"这陌生又苍老的话音在耳边回响，我闭上双眼，脑海中又回到了那个夏天，那些浸着我汗水的台阶。

愉快的暑假，总少不了一家人外出游玩。风尘仆仆地来到泰山脚下，不出意外地，我早已被眼前这座高耸入云的山峰惊得目瞪口呆。

毫不夸张地说，面前这座山就是顶天立地的巨人，一轮骄阳高挂于空中，透过山腰缥缈的云雾斜射而下。

我此时已是满腔热血，信誓旦旦地下决心要征服巨人。眼前满是

从这儿出发

凹凸不平的石阶蜿蜒而上，游人络绎不绝地向上爬行。我擦去额角的汗水，一脚踏上台阶，两步并一步，大步流星地向上走去。

一路的风景始终如一，人与人之间的摩擦拥挤使得心情变得烦躁不安。太阳开始变本加厉地投射炽热而刺眼的阳光，热气如汹涌的波涛一拥而上，瞬间将人吞噬。时间不知何时已转过一圈，眼前的石阶却依旧不变，无处发泄的郁闷和怒火燃烧着我的理智，一屁股坐在一旁的石块上，不顾父母的耐心劝说，只是一味地恼怒，不知是气这泰山的巍峨还是气自己的过早劳累。

咕噜咕噜地喝下大半瓶水，我早已失去了耐心，竟拉着父母要下山。拉扯间，耳边忽传来一声轻笑，疑惑地转过头去，一张满是皱纹的苍老面孔，一头银丝在阳光下熠熠生辉，她弯着笑眼，满是对后辈的慈爱与关怀"孩子，加油！还有几个台阶就到山顶了！"说着，汗珠沿着脸颊滑落，她双手用力拍拍我的肩，便又拄着拐杖缓缓地，一步一个台阶地向上走去。

显然，离山顶并不只有几个台阶，但沉睡心底的斗志重被唤醒，年迈的老者都能坚持爬上山顶，更何况是我这股年轻的热血？一路想着老者的话，坚定地踩着每个台阶，当沉重的双脚踏上最后一个石阶，眼前是"一览众山小"的奇景，我明白，那些无数浸透我汗水的石阶，使我的人生又迈上一个新台阶。

# 让我做一回家长

张璟玥

下雨了。

接近六点，豆大的雨点从天空中滚落，砸在地面上。

"雨这么大，父亲应该不会来接我了。我还是和住得近的同学一起回家吧……"正失落得自言自语，站在校门口的我却看见了一个熟悉的身影，是父亲。

父亲撑着那把天蓝色的伞，肩膀手臂和裤腿却是湿的。他向我招了招手。很明显，他是一个人骑电瓶车来的，我脑海中似乎浮现了：没有人帮他打伞，雨点打在他的身上，那么寒冷的秋雨啊！

我怔在原地，望着父亲那已灰白的头发，回忆如风———五年前，走丢。父亲也在下雨天，着伞，寻找我；十年前，父亲在下雨天，得知还年幼的我却身缠疾病，在雨中站了好几个小时，无法接受。雨天里，他为我操碎了心。

上了车，父亲关切地说道："把伞自己打好，不用给我挡雨，一小会儿就到家了。"我木然地点点头。

雨越来越大了，父亲浑身湿透。

我将伞向前移了一点儿，又移了一点儿。

风把伞吹得动来动去，我拽住伞，为父亲挡着雨。雨点"啪啪"

打着尼龙布，望着灰蒙蒙的天空，有些刺骨的寒风割向我的脸庞，我才明白此时的父亲有多冷，有多煎熬。

风雨忽然缓和了一些，父亲也不再微微发抖。有些轻微的抽泣声。我从反光镜看向父亲———两行清泪从他的眼角滑落，他抿着嘴，尽量减少声音。

一瞬间，眼眶润湿。

父亲，如果可以，让我做一回家长，你做孩子，让我的付出可以天经地义，而你可以坦然接受。

那一次，我懂得了爱，学会了感恩。这，不就是我人生的新台阶吗？

100

# 鸟鸣依旧否

　　鸟儿们无论逃向哪里，都无法逃脱人类的视线。无奈，只好在绝望中盘旋着，去寻找一小块能够栖身之地，在日益艰难的生活中寻找生存的缝隙。

# 奇 特 的 猫

罗 伊

受到人们宠爱的小动物很多，其中最奇特的要数猫了。

猫的外形很奇特。大部分猫都披着一身"虎皮"，超级霸气。用黄、黑、白三种颜色构成虎斑纹，配上一条迷你版的"虎尾巴"，再加上凛厉的眼神，让人不寒而栗。偶尔也见到通体黑色的猫，像夜的精灵。

猫的奇特还在于走路无声无息。你看，猫突然快走了几步，不过也是毫无声息的，然后，突然矫健地一跃，扑向了路边的小鸟，不过这次它的行动是失败的，小鸟在紧急情况下飞走了。猫走路一点儿声音也没有，静悄悄的，是因为猫的脚掌有肥厚而柔软的肉垫，可以不吓跑鼠类和其他猎物。猫平时走路慢条斯理，活像一位傲气十足的公主。它总是先把后退往上抬一抬，前脚放到鼻子旁边，再不慌不忙地放下脚，好像在仔细掂量着每一步。即使后面有人追赶他，也绝不转头，只是轻快地跑了起来，因为它自信你是绝对追不上它的。

猫又开始爬树了，四只爪子扒住树皮，蹭蹭几下，就爬到了树顶，在树梢俯视着你，让你自愧不如。这是因为猫的脚趾末端生有十分锐利的钩爪，可以随意伸缩，这使它不仅能在平地上疾走如飞，还能沿壁上房，爬树跳墙，速度相当之快。

猫还有一个绝招：能从高处跳下并能在半空中自觉翻身，即使它在高楼不小心摔了下来，也不会摔死的。那是由于它的骨头相当之软，尾巴也有平衡作用，所以，总是四足先落地，晃晃脑袋，耸耸身子，便又走开了。

另外，人们还说猫有九条命，喻义它生命力之强。

猫，真是一种奇特的动物，也是我们人类的朋友。

# 两　栖　族

王宇莹

"绿衣服，白肚子，唱起歌来呱呱呱。"大家一听到这个谜语，就一定会猜出是青蛙！可是我们却忘记了他的其他两个好兄弟：小田鸡和癞蛤蟆。

## 青　蛙

青蛙穿着绿色的西装，点缀着几处花斑点，爱打扮的它为了更加引人注意，还穿上了雪白雪白的T恤衫，看上去分外精神。它的小脑袋如倒三角般，两只眼睛如两个水灵灵的大水晶突出来，似乎要洞察这世界的一切。最厉害的是它那如绸带的舌头，只要一发现昆虫的存在，就以迅雷不及掩耳之势，一下子把昆虫卷入舌头中，稳稳当当地送入自己的嘴里，品尝美味！青蛙在一天之内能吃120只左右的害虫，半年下来就能吃15000多只！真可谓是农民伯伯的好帮手。

## 小 田 鸡

其实小田鸡真正的大名为饰纹姬蛙，它是体型较小的蛙类，体长一般在3厘米以下。它穿一件灰灰的外套，远不如青蛙靓丽。它的背部有对称排列的灰棕色斜纹，这也是它得名的原因。当你在夏天的雨后走过一条长满青草的小径，它们会吓得从这片草丛跳入那片草丛，有的甚至跳到了你的脚背上！它们常在草丛中和田边、水塘附近捉虫，常食白蚁，个子虽小，对农业的贡献也是不小的。

## 癞 蛤 蟆

一谈到癞蛤蟆，很多人就会不寒而栗，他的外貌十分丑陋，浑身长满了使人看着就感到讨厌的"疙瘩"，并且这些疙瘩内部含有毒腺，是癞蛤蟆为了保护自己而准备的"黑武器"。据说癞蛤蟆那丑陋的外皮，可以治疗食道癌和胃癌，果真如此的话，癞蛤蟆为了保护自己而设的"黑武器"还是人类的一宝呢。癞蛤蟆每年吃掉的害虫，比青蛙要多上好几倍，即使大家鄙视他的外表，但他仍然默默无闻，以捉害虫为己任。

生活中也是这样，不要只关注事物的外表，更重要的是能够透过现象看本质。

# 鸣蝉与哑蝉

吴永靖

　　蝉也许是大家再熟悉不过的一种小昆虫了吧！每到夏天，树上便会有这种小精灵。

　　蝉在我的印象之中大抵可以分为两类：一类是鸣蝉，一类是哑蝉，鸣蝉都有着清脆动听的叫声，它们栖息在高高的树上，无拘无束地唱着动听的歌谣，殊不知，有时因为叫声而迎来危险。而哑蝉呢？他们似乎除了飞行就一动不动地趴在树上休息，一点儿声响都没有，但是又有谁能想到，就是这看似不好的一点，却使它们的生存率远远高于鸣蝉。

　　小时候一到夏天，我便会激动得不能自已——可以捕蝉了！和几个小伙伴一起，三个一伙，五个一群，戴上用蜘蛛丝缠绕的网兜，欢快地一蹦一跳地去小树林捕蝉。蝉的颜色是灰褐色的，和树皮的颜色十分相似，光凭自己的肉眼，是很难找出它们的栖息之地的，所以这时灵敏的耳朵，便显得尤为重要，侧耳倾听，仔细分辨着鸣蝉的声音，再循声而觅，捕蝉对我们这些小孩子来说，也就显得较为简单了。果不其然，不出片刻，我们便捕到了好几只鸣蝉。至于捕到的蝉，我经常是会在玩腻之后，送入蜘蛛的嘴中，也便是当作我们弄坏了它的网的补偿吧！我们津津有味地看着这些鸣蝉，逐一被我们送入蜘蛛之口，竟无半丝罪恶感，至于那些在我们看来一无是处的哑蝉，有时即使看见它们，也会因为它们没有清脆的叫声，失去对它们的兴趣，也就不会捕捉它们了。这些哑蝉也便因此躲过了一劫。

长大后我才知道，鸣蝉是雄性的，哑蝉则是雌性的。为了求偶，雄蝉会拼尽全力发出响亮的叫声，却把自己暴露在危险之中。

鸣蝉因为声音响亮而死亡，哑蝉因为不会发出声音而幸运地活下来，这也给了我人生的启迪：过于高调的人注定没有太好的下场，只有那些低调的人，才会走得更远、更久吧。

# 蝴　　蝶

刘一飞

每次做起童年的梦时，梦中总会浮现一群群的蝴蝶。幼时在田间追逐蝴蝶给当时的我带来了无穷的乐趣。可现在的我仔细想一想，那些飞舞的花朵又何尝不是慈爱而又睿智的大自然带给我的信使，为我传达大自然的一些启示的呢？

田间最常见的就是白色翅膀上点缀着黑色斑点的菜粉蝶了。我常常一个上午就可毫不费力地捉到好几只。因为常见，所以不稀罕，捉住了就把它们放进一个周围扎满了小孔的可乐瓶里。刚进去时，它们很混乱，但只混乱了半分钟，之后每个蝴蝶都找到了落脚点，静静地停留在那里不动了。它们没有争斗，只是那花椒籽般的小眼眸中透露出明亮而温和的光芒，友好地打量着其他同伴。更神奇的是，它们隔一会儿又会自动调整一下自己的位置，过程同样是平静无摩擦的。——它们就这样和平共处，直到孩童的热情消退后再把它们释放。

　　偶尔田间也会飞过一对全身金红的蝴蝶。它们在阳光下飞行时，身上的金粉闪闪发光，美丽而耀眼，穷追了好一阵子，才捉到了它们，我用尽了一个孩子的细心，将它们放到了一个装糖果的玻璃盒子里。盒子很宽敞，但它们好像很不安，在里面折腾了好一会儿才停下。稍微安分了一点儿后，这一对蝴蝶开始了它们的争斗：那只翅膀略微大一些的蝴蝶猛烈扇动翅膀，煽起一股强大的气流，让小蝴蝶停息得有些不稳，左摇右晃；小蝴蝶不甘示弱，借着气流飞到大蝴蝶的背上，接着我便看到几只细细的蝴蝶脚死死地纠缠在一起……往往这些蝴蝶不到一个下午就死了。

　　现在回忆起来，我还是偏爱菜粉蝶多一点儿。它们虽然没有金蝴蝶那样美丽耀眼的外表，但它们却有一颗团结友好、与人为善的心，而金蝴蝶却恰恰相反，外表美丽却脾气暴躁。艳花不香，香花不艳，大抵就是这个道理吧。不过我还是宁愿像菜粉蝶那样，具有纯洁高尚的心灵，做一朵"德馨"的香花。

# 暗　　香

束辰昕

　　走进家的一刹那，我怔住了，那幽幽的沁人心脾的香，一时间我愣在那闻着那股隐隐约约的香，却一时想不起这到底是什么香味，只是这香一个劲儿地钻进我的心田、心脾，让我无从招架，只有了欣赏。忽然听到妈妈说："桂花飘香了！"这时我才恍然大悟，但是却又奇怪，现在都深秋了，桂花九月开始开，现在该凋谢才对。

　　我迅速跑出去，那香味也就更加清新了，激荡魂魄。走到桂花树前，那些米黄色米粒儿一般大小的嫩黄的花儿躲在浓密的绿叶后面，显得十分静谧，毫无张扬之意，更加使人感到花的美丽，像害羞的小娃娃见了陌生人而躲在了大人的后面。

　　瞧着，瞧着。我的心灵被沉重地而又剧烈地震动了一下。这惹人喜爱的小小的黄花竟默默无闻地飘着香，为人们吐露着芬芳，飘香后好像什么也没有发生过似的。只是静静地站立在枝头上，等待着生命的终结，等待着悄悄地凋零。如果还不仔细瞧，不去细闻这味，我们可能甚至都不知道它已经来到过这个世界，还不曾晓得它已经香过。而现在，枝头上只剩下几个残兵败将，但是它们却还不向秋老虎投降，继续在飘香，而且更加的浓郁，更加的沁人心脾，让人感叹它的美好。

　　在花的世界中，竞芳斗艳，只是为了赢得一片荣誉，而那路边的桂花，没有娇美的花枝，没有鲜艳的花朵，却将清香化作爱意，驻在人间，融于每一地每一个人，充满空间，让人享受。

　　这时，妈妈的呼唤声向我传来，把我唤醒，我快速奔向家中，不经意间，竟又闻到那股浓烈的沁香！它是这么无私，是那么集中，从未考虑过自己，只是默默地飘香，飘香！宛如妈妈对我的爱——暗香。

# 鸟鸣依旧否

王润泽

　　晨光拉着夜的裙角。朦胧中，微笑着把周围镀上一层奇异的金黄。远远的，像流水般，划过耳畔，轻柔，婉转，是低声的呢喃，倾情的倾诉，歌唱着、赞扬着，把一个奇异的盛典奉献给有心的听者。一种愉悦，唤醒了沉睡的心。

　　匆匆披了件外套，便投身于秋的怀抱。深深饮着草香的空气，让成熟的秋注入麻木的肺部。一种舒爽在体内荡漾，展开对秋的回忆。雾把我包围，隐隐的绿树、红枫，在这若有若无的轻纱中多了一份神秘虚无之美。而这群自然的歌唱家隐于树丛中，很有"空山不见人，但闻鸟语响"之趣。

　　闻耳边仙乐飘飘，在风中舒展身心。但雾未散尽，街道的喧闹迫不及待打破了这小小的、宁静的和谐。世界顿时被一阵阵嘈杂所占领。再回首空荡荡的树枝落满了我的寂寞。在这座水泥森林中，一只只鸟开始逃离，希望能找到一个它们的乐园，但却发现，无论逃向哪里，都无法逃脱人类的视线。无奈，只好在绝望中盘旋着，去寻找一小块栖身之地，在日益艰难的生活中寻找生存的缝隙。

　　记忆覆盖下是我们与生俱来的对自然的依恋，但昨日人与自然温馨的场面却离我们渐行渐远。那如星光般装点我如诗如画般的童年的流萤，如流星，不知不觉坠落于回忆的深谷中，被夜间灯火通明的不夜天所取代；此起彼伏的蛙鸣点缀儿时仲夏夜之梦，却被小贩们刺耳的叫卖声打破……

　　陌生的变成亲密的，曾经的担忧变成现实、变成过去，如同在两面镜子间，哪边才是虚无？渐行渐远的鸟鸣；渐行渐远的自然；渐行渐远的我们，是否能顿顿足，回首记忆中的亲切。

# 请去寻找你的一片天

陈思雪

　　它有一身以蓝色为主色彩斑斓的羽毛，黄色的小嘴，明亮的大眼睛，是那么招人疼爱。没错，它就是我最心爱的"蓝波波"——鹦鹉。委屈时，我会向它诉说；难过时，它会给我安慰；开心时，它会快乐地唱起歌，它是我的全部。

　　我一直以为我很懂它，可是那一次，我发现我错了。那天，我写完作业想要看看蓝波波，悄悄地走过去想给它一个惊喜。可是在走到离蓝波波笼子的几步之遥的地方时，我停住了。因为我发现，它正认真地盯着窗外看，就连我在碰到桌子时发出的声音，它竟然也没有听见。我很是疑惑，它究竟在看什么，竟然看那么专注。顺着它的视线看过去，窗外是一片蓝天，在几朵软绵绵的云朵点缀下，显得格外美丽。蓝波波也许是被迷人的蓝天所深深吸引了。可是随后几天我发现，不管是阴天还是晴天，它都会凝视着窗外，一看就是几个小时，有时叫它，它也不理我。这就让我生出疑惑，蓝波波到底是怎么了？

　　几天后的一个下午，我终于寻找到了答案。公园里散步时，一位大姐姐的行为吸引了我的注意：她正将笼子里的小鸟全部放飞。我满脸疑惑地走到她的面前，问她为什么。"我喜欢它们。"她微笑着看着空中自由飞翔的小鸟们，继续说："你知道吗，这些小精灵是属于蓝天的，它们被拘束于笼中，是很难受的。既然我们喜欢它们，就应该理解它们，懂它们，弄清楚它们想要的是什么，并且去满足它们。我觉得这样，才是对它们爱的表现。"

　　我明白了，原来蓝波波经常看着蓝天是因为它想要回到空中。望着笼中的蓝波波，心里十分矛盾，到底要不要放飞它呢？放了它，我舍不得。不放它，又觉得对不起它。但是在我看到蓝波波正用它水汪汪的大眼睛盯着我的时候，我的心终究还是软了下来。我下定了决心，将蓝波波放飞了。望着它在空中快乐地飞舞着，我笑了！

　　去吧，去寻找你的一片天吧！

111

# 梧　桐　与　我

吴　钰

　　我以前就读的那所小学在一条梧桐大街上，街道两旁栽满了梧桐树。我每天上学都见到它们，对它们也是有感情的。

　　让我印象很深的一棵梧桐树是在小学旁边的车站那儿。我每天傍晚在那里等公交车，天天和它见面。它很老了，树干很粗，至少要两个人合抱才能把它围起来，树干上还长了一些疙瘩，在距离地面一米处分叉，这就为我提供等车时能坐着休息的地方。

每天傍晚，我坐在树上，仰视起来看不到天，因为它的巴掌大的树叶很浓密。享受着习习的微风吹拂我的面颊，树叶沙沙地响着，仿佛在对我说："孩子，学习一天了，休息一会儿吧。"这棵老梧桐在我眼里就是一位母亲，无私地为我提供着歇息的港湾。

渐渐地，我喜欢上了这棵梧桐。

美好的时光总是短暂的，小学三年级时我就转学了。从此，我很少走那条熟悉的梧桐大街，很少见到它。几个星期前，我偶然经过，便去看看那梧桐树。分别短短两年时间，可我们却是"人是物非"。原本粗壮挺拔变得枝干枯黄，叶片稀少，伤痕累累。变化竟如此之大。它的树皮被人用小刀切掉，树干上被人用刀、笔刻画得惨不忍睹。悲哀的人类啊，你们这样对待树木，对待世间万物，难道不知道羞耻吗？我可以想象得到：一群没心没肺的学生，拿着凶器向梧桐一刀刀地捅着，梧桐默默地承受着这痛彻心扉的痛楚。

我的心中平添了几分伤感，也有许多不忍、愤恨和无奈。对不起，我的老梧桐，看你这样伤痕累累，我却束手无策，想到以往和你在一起的快乐时光，我很愧疚。

我的老梧桐在人类翻云覆雨的手掌里被折磨得遍体鳞伤。

抱歉，我的老梧桐。

# 人　与　自　然

王睿琦

大自然造就了生命，她是我们共同的母亲。令人想不到的是，人类这最令"母亲"引以为傲的物种开始"残害"自己的母亲——大自然。

自然为人类提供了各种物质和能量，使人类生存的质量逐步提高，而人类的贪婪也在提高！大气被污染了，陆地被污染了，水被污染了，人类本来美好的家园面目全非、伤痕累累。环境对人类以牙还牙，疯狂地报复，令人类招架不住，甚至严重威胁到人类的生存。保护环境成为全球性的话题，而且刻不容缓，原因很简单，我们只有一个地球。

许多国家已经意识到问题的严重性，如美国，美国是一个草坪大国，凡空旷之处皆营造了成片的草地或树木，远视如绿浪，近视则能发现草坪修剪的如同地毯，让人流连忘返，草坪，给美国人创造了美好的生活环境，也带来了难以估量的好处。人们可以享受大自然的恩赐，不仅空气清新，而且也调节气温，给人们恬静安详的感受。

亡羊补牢，为时未晚！但愿有一天，我们居住在绿林和小溪环绕的房屋，傍晚时分，坐在院子里，闻着醉人的芳香，看着在太阳余晖下闪烁着金光的绿树，踏着如同绿色地毯的小草，品着回味无穷的绿

113

茶，享受自然的恩泽。

让我们从小事做起，一点一滴为人类生命的家园——地球，贡献一点儿力量，让人与自然和谐并存，共创美好未来。

# 我们的地球

周　凡

一幢幢大楼在眼前凸显，一片片绿地在不知不觉中消失。曾经的蓝色水星越来越快地"年老色衰"了。

如今大部分人已经意识到了这一点，他们的环境保护意识越来越强烈，他们会在各地做宣传，感染他人；电视上，路边上总会瞧见各类的广告，甚至还有各类人士组织的环境保护团队。也许，这些举动没有多大的震撼，但却从小事中体现了人们的赤诚之心。

记得有一天晚上去和妈妈的同学吃晚饭。饭桌之上，一个刚从日本旅游回来的阿姨说起一件事。在日本玩的时候一个小女孩儿不小心将吃的甜筒掉在了地上，可能是以前中国人不爱护环境，乱丢乱扔的形象在心中根深蒂固了。那位阿姨直觉性地认为，小女孩儿肯定就任由甜筒在骄阳下慢慢融成一摊水。可出乎意料的是，小女孩儿拿出一张纸，将甜筒包了起来，捧在手心里，四处张望着，可能是在寻找垃圾桶。她的父母也拿出了纸湿巾将甜筒留下的痕迹擦干净。这件小事，不仅反映出了现代人的素质涵养，更加可以看出现代人的环境保护意识。

虽然很多人开始出力保护环境，但并非所有人都是如此。有的人嘴上说要低碳生活，可自己却是最不低碳的。大家熟知的北京，沙尘暴已是那儿的老顾客了。可为何那儿的沙尘暴如此严重，其他地区却没有呢？可能与一些自然因素有关，但更多的还是因为北京的环境保护问题。当面对贫瘠却清新与发达但污浊的城市，你会选择生活在哪呢？我想，我会选择前者。那你呢，你也会如此吧？可既然想要有一个好的环境，为什么不去创造呢？只想不做，怎么会有呢？

最近在《青年文摘》上看到一篇文章，作者对自然环境的观点是：其实地球是个独立的个体，地震，海啸，泥石流算是她自身在运动。与人类的活动毫无关系。虽然对他的观点有些赞同，但真的与人类活动无关么？不是吧！

在当代，环境问题是人类生活中的一大难题。我们总是提倡要与自然和睦相处，可是，和睦相处不光是动动嘴皮子，是需要实际行动的。现在的你，能做到么？

# 自 然 与 人

储 腾

去年9月底，花博会在常州武进举办，趁着国庆长假，我们一家来到了这美丽的地方。尽管人多了些，可还是湮没不了我心里怀揣的激动和整个展览的吸引力。

刚挤进了花博园，整个现代化的主展馆呈现在我眼前。但是，就是这个现代化的建筑，在十分自然化的风景旁，一点儿也不显得扎眼，相反，它与四周的景色完全融合在了一起，波形的白色屋顶，显得如此柔和。

在室外展区，不同城市的风貌，都用三个元素巧妙地展现了出来——植物、水和建筑。不仅是中国各大城市，还有外国风情的：荷兰的大风车，法国的薰衣草，瑞士的"冰山"……大家在欣赏美的同时，也在保护美，他们都自觉地把包装袋放进垃圾桶，虽然手中的相机拍照片拍个不停，但也不会去用手触碰或是摘花草。大家都懂得去爱护和欣赏美，这正体现了人与自然和谐相处的美好情景。

不同的国家和地区，因为各种因素的影响，导致植被的不同和建筑的风格不一致，这才让我们能够看到风车跟郁金香就想到荷兰，看到欧洲古建筑和薰衣草就想到法国一样。这不就是人类社会与大自然和谐相处的最佳例子吗？人们以自己的聪明才智，在不同的环境下，造出不同种类的房子，以适应相应的自然环境。这正是自然与人文的互相交融，影响。

自然养育了人类，我们对我们大自然母亲的回报，就是适应她，保护好她。

# 池塘的悲剧

周　慧

这儿有一个小小的池塘，每天都有许多人从它身边走过，但却很少有人停下匆匆的脚步望它一眼。为此，池塘很伤心，它问蹦蹦跳跳的青蛙："小青蛙，为什么人类都不肯看我一眼呢？"青蛙发现了一只蚊子，迅速伸出舌头，捉住了蚊子，此刻正享用那美味的蚊子早餐，嘴里含糊不清地说着："唔，这很简单……就是……因为……你太丑了！"池塘正满怀希望地听着，听到了这句话，立刻蔫了，看了看自己的身子，低下了头。

是呀，现在的池塘，水面上漂浮着白色的塑料袋，水中还若隐若现着食物残渣，水是深绿色的，再也不能一眼看到底了，鱼虾都无影无踪了，更别提靠水生活的那些浮萍了。池塘散发着阵阵恶臭，动物都不肯来喝水了，就连专爱腐烂味道的鸟儿——乌鸦也从池塘边的棕榈树上搬走了。还未到秋天，这里却已是一片萧瑟，满是凄凉，好像春天已经遗忘了这个角落。

可是我知道，池塘以前并不是这样的。

从前的池塘，郁郁葱葱，水是清澈的，一眼就能望到水底游动着的小鱼。有时走路渴了，人们都会掬一把池水，喝进嘴里，不住地夸："这水好甜哪！"水面上的浮萍，绿油油的，肥美的叶片仿佛要滴出水来。那娇媚的荷花，点缀在万绿丛中，煞是可爱，好像池塘的一顶五彩凉帽，遮住了炎炎的阳光。水浅的地方，小鱼数不胜数，只要拿个篓子一捞，就能捞到半篓小鱼虾。岸边青翠的草丛中，各种昆虫，长翅膀的，没长翅膀的，都在草丛间跳来跳去，好不热闹。那时，我们总爱在池塘边玩，一玩就是一整天，在落日的余晖照射下，在父母的呼唤声中回家。

现在，漫步塘边，我常常听见池塘的轻声哭泣，睡梦中也常常梦见荒芜的世界。

一个池塘消失了，或许引不起人们的注意，但如今这钢筋水泥的世界又还有多少池塘的身影？或许，在不久的将来，接着消失的会是土地，然后就是……

沉思的瞬间，我仿佛又听见了青蛙那喃喃地低语："不过，这样也好，池塘·田地·树木为人类工作了这么多年，也该休息了……"

如果真是这样，将来会是什么样呢？我不敢想象。

# 难忘那只蟋蟀

孙克文

墨绿色的壳，青色的腿，正在大口吞噬着新鲜的菜叶。

"它真漂亮！"我盯着一只被关在竹编笼子里的蟋蟀，心里不由得感慨。感慨之余，我的思绪也被点燃了。

十岁那年的夏夜，鸣蝉们嘹亮的歌喉，蟋蟀们的浅吟低唱，聒噪着人的耳膜，也欢腾了一片草丛，亦撩拨起孩子们的好奇心。

这时，一个少年和一群小伙伴拎着捕虫网走进了这片草丛。就这样，一场"人虫大战"拉开了序幕。差点儿忘了，这个少年便是我。

正在大家忙不迭地捉昆虫时，我发现了一只蟋蟀：它真漂亮，流线型的外壳上，墨绿色的斑点闪闪发光，一对流苏似的触须不时抖动着，碧玉般晶莹剔透的后腿支撑起整个身体，强健有力。我太喜欢这只蟋蟀了，便去捉它，没想到它往旁边一跳，我扑了个空；我又转身，但蟋蟀又往相反的方向一跳，和我玩起了捉迷藏的游戏……最后，在小伙伴们的帮忙下，我捉住了它。

可这只蟋蟀被抓到以后依然不安分，我撕了点儿菜叶，它不吃；我在它面前滴了几滴水，它也不喝。在塑料盒里，它自顾自地左蹦右跳，好像想用自己的血肉之躯撞开这"铜墙铁壁"。但显然它的努力是徒劳的，塑料盒子纹丝不动。

"哼！别蹦跶了，过不了几天，你就老实了！"我对着盒子狠狠地说，可蟋蟀对我的警告置若罔闻，不仅没有收敛，反而跳得更厉害了。

第二天，蟋蟀还在跳着，撞着。

第三天，蟋蟀仍固执地跳着。

第四天，蟋蟀已经浑身挂彩，流出鲜绿色的血，但它仍执迷不悟地撞着。

第五天，蟋蟀没有再跳。我以为它变老实了，便带着胜利者的姿态去看蟋蟀，但眼前的场景：两条晶莹剔透的后腿断了，往外渗出鲜绿色的血；一对流苏般的触须则耷拉在塑料盒上；两条前足无力地扒拉着塑料盒。我惊呆了。

我迅速打开塑料盒，将蟋蟀放到离草丛几厘米远的地方，好让它安静地死去，但我又错了，蟋蟀居然用两条前腿颤悠悠地站了起来，艰难地向草丛爬去，一厘米，两厘米……蟋蟀忍受着因摩擦产生的巨大疼痛，向着自己梦寐以求的家爬去！

我呆住了，痴痴地盯着蟋蟀血染成的两条绿色的爬痕。最终，蟋蟀的前足挪动到了一片草叶的底部。瞬间，平时一贯对昆虫十分冷血的我，也默默希望蟋蟀能成功。

蟋蟀爬上了那片草叶，我长舒了一口气。

"唧……唧……"蟋蟀突然高亢地叫了起来，似乎在庆祝它用生命换来的自由。那叫声越来越低，最后消失了。

蟋蟀死了，生命的最后一刻，它绿色的血液与草丛融为一体。它用生命的壮举、生命的绝唱绘出了一幅悲壮的画卷，让人感叹这个小生命的坚强与不屈。

我凝视着蟋蟀，肃然起敬。

# 怀想童年

徐子浩

有些东西只有当你失去的时候，你才会觉得它是多么的美好，也只有当你失去时，你才会更用心地去把它珍惜，将它珍藏。

春天里，我的味蕾充满了活力，我的味蕾是被奶奶做的香椿鱼唤醒的，先从树上摘下少许椿，将它们切碎了放入已打好的鸡蛋中，搅拌均匀后，待鱼油煎好，便洒入其中。伴随着一阵"噼里啪啦"的响声，香气马上满屋萦绕。这时我也会跑过来，趁奶奶不注意偷偷尝上一口。每一次我蹑手蹑脚走过去想偷吃时，总会被奶奶发现。奶奶假装生气，眉头紧皱，弄得我呀哈哈大笑。那时候，只要能尝上一次香椿鱼，我就会感到特别的幸福，那时候的幸福多简单啊！

夏天里，我总会沉浸在美好的童话故事中，我总会神往自己是他们其中的一员。每当奶奶将晚饭的残局收拾好了后，她总会带着我到院子里去纳凉，在葡萄架下给我故事讲许多生动有趣的童话，我总会细心地聆听着，奶奶会流露出慈祥的神色，眼睛看着天空中那皎洁的明月。一切都是那么的宁静，偶尔会从草丛中传来小虫子们的低声细语，渐渐地，我的眼睛模糊了，在柔和的月光的抚摸下，我依靠在椅子上，美美地睡着了，和童话中的人物一样，也累了。

在小时候，除了玩就是吃，秋天，奶奶家门口的一棵大枣树便成为了我的圣地。秋天到了，奶奶家门前大枣树上的大枣一个个地羞红了脸庞，而且一日比一日红艳。此时我每天都会跑到大枣树下，仰着头，眼巴巴地盼望着他们快快成熟。到树上的枣儿要成熟的时候，我和奶奶都很开心。奶奶还时不时地晃一下树干，我总盼望着可以有枣子掉下来。终于盼到打枣子的日子，随着竹竿在树枝间的跳动，枣子们纷纷掉落下来，我不等枣子落地，就已经冲进去捡枣子，结果被枣子砸中了脑袋瓜。但顾不上丝毫的疼痛，因为快乐已冲淡了一切。

　　时光飞逝，童年的美好岁月已渐行渐远，曾经的快乐已定格在一幅幅的画面上。现在下乡的时间越来越少，明快的生活节奏和乡村生活的变迁，让我更加怀念小时候和奶奶生活在一起的童年时光。在心灵的深处，我将永远珍藏一段岁月——童年时光。

# 自 然 物 语

陈心怡

　　春天的绿林，夏天的晨光，秋天的落叶，冬天的飞雪，都是自然中道道隽永而清新的风景线。在四季的交替中，我仿佛已和大自然融为一体。

## 春 之 物 语

　　当春天释放出一冬所积攒下来的新绿后，使人迷醉。每片叶子都要尽情地展示自己的活力，它们吮吸着甘露，静静地悄悄地，叶脉愈发分明了，叶尖越发挺翘了，它们一下子变得焕然一新。走进绿林，脚下踏着的是绿的影子，呼吸的是春的气息，身旁的树相依相偎，令人有种小家碧玉的感觉。初春时，树杈上只是探出点星星点点的绿芽，刹那间，那绿色由嫩绿变成深绿，渐渐的，竟织成了一片绿色的锦绣。这醉人的绿为大自然拉开了蓬勃的帷幕。

春天的物语是清新的，春天的自然是灵动的。

## 夏 之 物 语

夏天晨光初现时，最为清新。太阳与那天空结合，朦朦胧胧，只依稀可辨出大致轮廓，更为这晨光增添一种神秘色彩。身在一片林间，头顶上是和煦的太阳与没有一丝杂质的天空，泥土的清新与落花的芳香萦绕在你鼻息旁。猛然间，火红的太阳精神初现，跃上山头，那阳光透过树影留下些斑驳的痕迹，映射着城市里那一座座高耸的大楼；映射着城乡中那连绵的山；更映射出在田中挥洒汗水的农民们那颗颗火红的心！那是大自然的影子！

夏天的物语是热烈的，夏天的自然是蓬勃的。

## 秋 之 物 语

秋风中，落叶极其优雅的盘旋而下，飘飞在天地之间。我走在树间，轻俯下身拾起一片枫叶，它火红飒爽又清逸。也只有在叶子逐渐消失的时候，才能享受到他的火红吧。稻田披上了金色的盛装，向人们展示自己的丰收。农民们游走于稻田的纵横列间，喜悦地捧起一把早已成熟的庄稼深吸一口气。嗯！庄稼在灌溉了汗水之后散发出独特的丰实之香，这是否也是大自然最爱的味道？

秋天的物语是丰硕的，秋天的自然是满足的。

## 冬 之 物 语

最后一只南飞的大雁也消失在天边的尽头时，冬，来了。不经意间，天地变成了银装素裹的世界，猛地冲击你的视觉。雪舞是一阵绚丽的梦，更是一阵如歌如泣的倾诉。登高远眺，田野间一片洁白，换个视角，却又发现白雪中点缀着点点绿意。"如此佳境，竟在人间"，我不禁喃喃感叹道！雪，融化在我的掌心，那样柔美的融化了，我猛然感到，一股暖流竟顺着手流到了心……

冬天的物语是安逸的，冬天的自然是宁静的。

大自然啊！我要由衷感谢你的无私奉献！


# 飞蛾殇·生之舞

洪泽昊

午后的阳光洒落一地，慵懒而温暖，斜倚在椅上翻阅着冰心的诗集，咀嚼着诗中细腻的爱与博大的生命……"噗"一声不大的撞击声吸引我看向窗外那灰白的身影。

是一只飞蛾。没错，虽不及彩蝶那般绚丽，也应算同类中较美的了吧——灰色底色的翅膀很有光泽，细腻的纹路如鬼斧神工。白色条纹点缀其上，阳光下似乎闪着荧光。身躯不很肥大，挺背提腰，很是神气。从短须到翼稍，都闪耀着流苏般的光辉。恰才似乎是太兴奋了，一头撞上了窗子。它急快扑扑双翅稳住身子，似乎发现了一个不错的舞台，便干脆贴着窗子舞蹈起来。我也乐得做它的观众，放下书欣赏起来。

不得不说，这只美丽的飞蛾的舞蹈是充满激情的。它不停地扑腾着翅膀，在窗格的四角旋转着飞舞。时而有力地一次次撞击，时而稍退，划出一个华丽优美的半圆。它挥洒着微小而强大的生命力，以一只飞蛾最灵敏、最优美的身姿，舞动着新生的喜悦，我略微打开窗，它很快飞进了屋子，优雅地扑着双翅，不一会儿适应了这更广阔的舞台。旋转，俯冲，拉高，盘旋……小小的身影左右飞动，尽情享受着属于它的自由与快乐。阳光倾洒，我恍若看见它以大地为台，以阳光为幕，以生命为节奏，以无穷之热情在舞蹈，注视着它，仿佛世界之能量化为一根细丝，注入它微小柔弱的身躯之中！

舞了一会儿，它似乎有些累了，飞回窗格，弓背凸肚，粉雕玉琢，踽踽前行，每一步都充满极致的慎重与庄严，表演结束了，我闭上眼，让阳光铺在身上，回味那简单而热烈的生命之舞。

"噗"，又是一声。我急忙抬头看去——依旧是那只飞蛾，但身子却变得僵硬笨拙，它努力试着重新起舞，但只能扑打着翅膀，从窗格上滑落在窗台上，它尾部轻轻颤动，白色的肚子无力地朝着上面。它的无助令我唏嘘，才意识到它的生命是多么短暂。这只曾燃烧了生命起舞的美丽飞蛾——死神已向它走来。然而，经过短暂的停歇，它又挣扎起来，疯狂而猛烈，无比力量，又无比悲壮——双翅一翻——它终于翻了一个身，不再挣动，只是安静地趴着，灰白的双翅也渐渐失去了光泽，等待生命的余韵也渐渐消逝。我缓缓取出一张纸，小心翼翼地将这柔弱的身躯轻轻包裹，仿佛手中是一颗纯净清透而又脆弱的生命之珠。飞蛾之殇，令我感到的不仅是伤痛，而是生命的真谛。我起身，放眼望去，温暖阳光下，万物平和安详。

人，乃至一花一草，都有属于自己的精彩。飞蛾尚能舞出生命之舞，我们这比它悠长得多的生命，又能否一舞呢？

# 今夜静悄悄

　　夜空中，月亮又圆又亮；门前，河水缓缓地流着；岸边，鸭子们挤在一起熟睡着。一切都那么静悄悄的，只有树上的麻雀儿，偶尔地叫上一两声。

# 今夜静悄悄

邵雪琦

今夜，似乎与以往没什么不同。月亮依旧是那么圆，高高地挂在漆黑如墨的天空；门前的河水依旧是缓缓地流过小桥，向远方流去；桌上的月饼依旧香甜可口。一切都是那样的安宁，只有树上的麻雀儿，偶尔叫上一两声。

唯一不同的，是少了那与我一起赏月、聊天的老人——我的奶奶。今年中秋，奶奶依然与我观赏着同一轮圆月，只不过，我在南方，奶奶在北方。

月下，我双手托腮，望着对面的椅子出神。

那是奶奶常坐的椅子。记得数年前，这把椅子第一次进入我的眼帘，这是怎样的一把椅子啊？

它的做工十分精细，每一处都十分光滑，散发着木头特有的好闻的气味。为了美观，木匠师傅还为它刷上了一层深棕色的油漆。那时的它，简直就是一件美观的工艺品。

奶奶一年一年老去，它也渐渐老了。如今，它的油漆一块一块地脱落，露出了灰色的木头，仿佛是奶奶那黑白相间的头发。一坐上去，还会发出"吱——"的一声，真叫人担心它随时会散架。

"奶奶在北方过得好不好？"我抬头问月亮，漆黑的夜空中竟浮现出一幅画来：奶奶和几位老人一同坐在门口的方桌前，一边赏月，一边聊天。屋里的炉子上还炖着热乎乎的汤，正咕嘟咕嘟地冒着泡儿。

"奶奶在北方，一定很惬意吧。"我自言自语道。

我站起来，抬头望着月亮，心里默默地问："奶奶，您能在今晚的月光中，感受到我对您的思念吗？"

夜空中，月亮又圆又亮；门前，河水缓缓地流着；岸边，鸭子们挤在一起熟睡着。一切都那么静悄悄的，只有树上的麻雀儿，偶尔地叫上一两声。

# 今夜静悄悄

陆文宣

127

夜色如墨，依稀可辨层层云雾遮挡下月亮朦胧的剪影。星星很少，寥寥几颗显得有些寂寥。

月下微醺的人，半梦半醒，眉宇间是化不开的愁。

许是梦见了些什么，他紧锁双眉。手抬起又放下，似乎想要抓住什么又未能如愿。猛一挥手，扑了一个空，原来，又是梦一场。

四更刚过，他就醒了。披衣立于阶前，遥望长天，窗外是灰暗的天。不知什么时候开始，他感觉自己成为一个时常会心存留恋的人。

"多少恨，昨夜梦魂中，还似旧时游上苑。"

依稀是旧时上苑，南唐月明如水，佳人歌笑如风。在梦境中，他的恨被洗涤得分明——亡国恨。即使是在梦中亦沉重如渊狱。"梦里不知身是客，一晌贪欢。"

他实在不是好的君王。国难未至，他醉生梦死；国将亡时，他只知填词。浮生百年，弹指一挥，谁又能清醒地把握自己的命运？

离人泪，亡国恨，多少愁绪飞，当真是"恰似一江春水向东流"。

清风明月夜，他倚栏而望。山峦起伏隐没在夜色中，故国家乡究竟在何方？远处星星点点的光亮是守城官兵手中的灯笼。高耸厚重的城墙让人望而生畏。凉风习习，静夜悄悄，月下独酌，对影三人。

"胭脂泪，相留醉，几时重？自是人生长恨水长东。"

他的愁，他的眷恋，他的亡国之痛，化开了。化入东风，化入江流。

多年以后，再有人凭栏远眺时，想起的都是他的千古传唱的《虞美人》：

"问君能有几多愁？恰似一江春水向东流。"

夜已深，人未眠，愁绪纷飞入江东。

128

# 今夜静悄悄

何以凡

"啊！"我再一次惊醒了。

轻轻揉了揉我那磕痛的手肘，四下里，没有一个人。守夜的人都去了隔壁，时而传来些说话声，时而又平静了下去。

　　我不知道他们在干什么，我也不想知道。隐约传来窸窸窣窣的声音，仿佛就隐匿在某个角落。我循声绕着厅堂慢慢走了一圈，无果。刚想坐下，却注意到了不远处的焚烧缸，凑近些，但闻悉索之声愈来愈烈，方知是那片片纸钱与烈火燃烧而奏出的声声悲哀与叹惋，本来就沉重的心在这一刻仿佛欲坠。我的身子开始不知轻重地摇晃起来，心也跟着颤抖起来。

　　我扶着一旁的椅背，"扑通"一声跪了下来。因为跪了一天了，膝盖早已没了知觉，只是撩起裤管看了看那瘀青的膝盖，还是略微生疼。拿起一张纸钱，扔进了焚烧缸，刚才点点的火星"呼"的一下，像是被激怒似的，燃起熊熊火焰。"一张，两张，三张……"我默念着，将手中的纸钱一张张投进了焚烧缸，那火焰就像贪心的恶魔一般，吞噬着纸钱，无情的把它们化为灰烬。几缕白烟慢慢升腾起来，缓缓直上，继而又在空中形成圈状，久久盘旋而不散，那一个个烟圈，就像……天使的光环。

　　长跪的膝盖疼得让人难耐，但这样也好，比起心灵上难以平复的创伤，皮肉之苦又算得了什么！只是用肉体之痛抚慰心中之痛罢了。踉踉跄跄地走到他身边，停住了。沉睡中的他，显得格外安详，那圆润的脸庞，不似生病时那般棱角分明，更多的，是红润、光泽。只是这些只不过都是些浮于表面的罢了，他终身的遗憾和内心无尽的痛苦又有谁能够知晓呢？

　　"老爸……"想和他说说话，只是一开口就有些哽咽了，伴着颗颗泪珠，想止都止不住。"老爸，你一定要好好的，知道了吗？"没有人回答我，也该没有人回答我，我和他，阴阳两隔，彼此殊途，两个不同世界的人，又怎么会……可无形之中，我分明感受到他给予我的温暖，那种温暖，自始至终就没有离开过我。

　　我横斜在冰冷的长椅上，慢慢地，慢慢地，眼前模糊了……

"啊!"我猛打一个寒战,这是我第三次惊醒。

四下里,没有一个人,只有我。这一夜,注定寂寞……

# 刻舟求剑

孙 诚

从前,楚国有个人,他走到哪儿都佩戴着一把宝剑,这把剑光滑雪亮,锋利无比,他十分喜爱,经常在他人面前炫耀。

一次,他坐船去一个地方,船开动了,船夫们划动着桨,高喊着:"嘿哟、嘿哟",船行驶得挺快,但天气十分炎热,船棚里更热,这个人满头大汗,酷暑难耐,便走出了船棚,想到甲板上透透气,他坐在了船边上欣赏着岸边的景色。

夏天的天气说变就变,刚刚还烈日炎炎,这会儿便狂风大作,江水掀起了几尺高。这个楚人看着船在浪花上颠簸,很是害怕,忙喊道:"你们要控制住船,千万不要让它翻了!"他刚准备躲进船棚里,可是,一个趔趄,差点儿跌倒,而佩戴在身上的那把宝剑突然落入了水中,他心急如焚,大声叫喊:"我的剑掉到水里去了,怎么办啊?"他想跳到水中去寻找,可看着这样的大风大浪又不敢,哦,有办法了,我可以刻个记号,等靠了岸再找。于是,他连忙问船夫要来一把小刀,在剑落水的位置刻了个记号,然后,心安理得地走近了船篷里,心想,船靠岸我就知道从哪里下水找剑了。

船终于靠了岸,那个楚人急忙走出船篷,找到他刻下记号的地方，跳到了水里，寻找掉下水中的剑。可是，怎么也没有找到。

他很疑惑，可船上的其他人却都嘲笑他。

从此以后，人们便用"刻舟求剑"这个成语来比喻方法不对头，死心眼，不知道情况已经发生变化。

# 刻舟求剑

石 龙

春秋时期的阳光一如既往的和煦，星星点点的光斑透过枝丫间稀疏的缝隙印在林间小道上。

一楚国人不知其游兴因何而起，如那滔滔江水般一发不可收拾。乘那道不尽春意荡漾、鸟语花香之时，泛小舟于江上，身心随风漾开，飘散……

正值兴致高涨之时，船身忽撞于卵石之上，船体颠簸，其人腰间所佩之剑，忽地落于水中。湖面漾开一圈圈涟漪，随之溅起的水花在春光下绽放出完美无瑕的花朵，如世间所有美好的事物般转瞬即逝，令人扼腕。

这一串串突如其来的水珠击散了他与周公襁褓中的春梦，楚国人一个激灵反应过来，随即叹息道："哎呀！我这剑——赤钢淬火成此宝，除恶扬善逞英豪。今日乘兴水上游，不期却囚水中牢！"惋惜之时，他不禁想到：与其无济于事地望水兴叹，不如想方设法挽救这既成事实的灾难。他连忙掏出一把小刀，在船身上刻下了这把宝剑掉下的位置。并自言自语道，我在这宝剑落下的船身之处作上标记，待船靠岸，我再下水寻也不迟。于是，他便再次沉溺于这大好春光之中……

船终靠到岸边，这楚人，便一个翻身，心急如焚地下水去寻。此刻，即使他费尽九牛二虎之力，也无处寻得那宝剑的影了。

后人将此故事口口相传，并告诫听者：不懂得随着形势的变化而改变自己的观念和方法，就不会获得预期的结果。

# 刻 舟 求 剑

陆盛伟

132

从前，有一位楚国人，他乘船去外地游玩。

船在行驶中，不知撞到了什么，猛然颠簸了一下，他一个趔趄，佩戴在腰间的剑像断翅的鸟儿，一头扎入了水中。

梦国人望着水中的一圈圈涟漪，心中焦急万分。这可怎么办，身边又没有什么打捞工具，如果直接跳到河里寻找，即使把剑捞上来，恐怕船早离开了，更何况我还不会游泳！该怎么办呢？

他环顾了一下四周，目光落在了一把小刀上。他灵机一动，我先在剑落下时的位置处留下一个记号，等船到了岸边，下去捞剑就有了准确的位置。想到这儿，他拿起了小刀，急忙在船沿刻了两下。他由忧转喜：哈哈，这下子我的宝剑就丢不了了，刚才真是吓了我一跳，还以为要永远失去这把宝剑了呢！

船不断地前进着，过了好长时间才到达了目的地。他按照符号的位置跳入了水中，可是他怎么也摸不到宝剑，心想：奇怪啊，明明就是在这个位置的么！怎么什么也没有呢？

　　大家见他在水里摸着什么，便问他做什么事，他很认真地说出了事情发生的过程，大家听了他的这番话后，哈哈大笑。有一个孩童告诉他，你的宝剑是落在河中央，怎么到岸边来找，船上虽然刻有符号，可船一直在航行，宝剑早就已经不知去向了。楚国人听了孩童的话，恍然大悟，不禁羞红了脸。

　　后来，人们把这个故事称作"刻舟求剑"，用来警示人们：做事不能死心眼，要根据变化的情况使用适宜的方式。

# 刻 舟 求 剑

张 超

133

　　楚国有一个十分喜欢旅游的人，并且，他总喜欢随身带着一把剑。

　　一天，这个人准备到江的另一边去游玩，于是，他租了一条小船，小船向江心出发了，他站在船头，望着不停翻滚着的江水，不禁大声赞叹道："好水，好水啊！"就在这时，一阵大风吹过，由于没站稳，身体往前一倾，手中的剑不慎掉入水中。他立即在船边上剑掉落的地方划了一个符号，随后拍了拍手，长吁一口气，轻松地说道："我的剑是从这里掉落下去的，等到了江边，我只要顺着这个符号

今夜静悄悄

找，就一定能够找到。"

江岸的轮廓渐渐地浮现在楚人的眼前，他十分高兴地想："终于要到对岸了，马上就能够找到那把掉落的剑了。"

船终于到了岸边，还没等船停稳，就急忙在船边上仔细地寻找着那个标记，"啊，在这里。"他高兴地叫道，于是，这位先生急忙把衣服脱了，"扑通"一声，顺着标记跳进了江水中，在水里，他小心翼翼地寻找着，可是怎么也找不到，他再深吸一口气，潜入水中寻找剑，这样折腾了好长时间，也还是一无所获。最后，只好无奈地上岸了。

小船一直在向江中行驶，可是掉入水中的剑却不会移动，这样怎么能找到剑呢？

# 过　　年

钱青澄

## 一

屋子里弥漫着暖暖的气息，一家人坐在茶几前。开工！紫色的，绿色的，白色的，母亲用蔬果的汁与米粉融合，制作成三色元宵。我们三双手，用三颗心，在精心地不停地滚元宵，为新年而做着准备。在这透着浓浓亲情的小圆团中，注满了亲情，注满了爱意。

钟声响起，我们怀着对新的一年的希望与憧憬，品尝亲情的甜美。

## 二

到外婆家是我最喜欢的，外婆家在农村，门前是广阔的田野，远看是蓝天白云；外婆家永远是热闹的，因为有狗有猫，有鸡鸭鹅，还有小仓鼠。这儿的一切是那么的和谐，那么的恬静。最重要的是婆婆和公公，虽然脸上已经布满皱纹，但皱纹里溢满了欣慰与安详；这儿没有城市的喧嚣聒噪，只有简单的土灶配自种的菜，来到这儿便能使心安静，更能享受自然的静谧。

## 三

新年里也少不了琴友聚会，公园的一处苏式建筑中，我们齐聚在此。露一片天的屋顶别有韵味，中间放置着古琴，两边端坐着身份不同却一样热爱古琴的人们。我们相对而坐，一人一曲，用古琴诉说；这期间似有比拼，其实是交流琴艺；大家虽非亲非故，却因"琴"而形成一个小团体，一个大家庭。大家对古琴的热忱与真心的喜爱，不用言语，只用丝丝入扣的琴音足以表达。

135

# 过　年

胡怡乐

　　随着天气的骤冷，饱含着腊肉熏鱼，干货糖果的年味在家中弥散开来——过年了！

## 贴　春　联

　　贴春联的任务是父亲和我。

　　去年的春联生命力还十分顽强，角落虽然破损，浓墨重彩的内容却如当初一般在暖阳中熠熠生辉。"刺啦——"父亲大手一挥，将一条春联麻利地揭下，递到我的手里。看着手中还是崭新的春联，有点儿不舍，可是，它的使命已经结束。我接过旧的春联合并放在一旁，而后展开新的春联。这副春联比去年更加好看，苍劲的大字，烫金的底边，鲤鱼跃龙门的鲜亮图案。"来帮忙铲除门上的这些胶带。"父亲的言语将我的目光引到了这扇门上，多少年了，春联的每年变换，给这扇门留下了难以抹除的印迹，虽然残留的黏性胶表面已经失去了黏性，却仍带着或新或旧的红纸残角紧紧攀附于门上，像年轮般记录着门的年纪。大力的刮擦，为贴新的春联准备，终于，崭新的春联平平服服紧贴在门上了，"鸿运长行人财旺，富贵平安福满堂。"我朗读着对联，父亲满意地笑了。

# 包 饺 子

爷爷将准备好的馅料和皮端出来，一家人围着桌子，我急急忙忙拿了一张，却不知怎么办，只好看着妈妈，妈妈极其麻利地包了一个放在案板上，见我还是不动手，便拿出一张皮，示意我看她如何包，妈妈说，第一步是放馅，与包春卷一个原理，馅不能多也不能少。妈妈用勺子带起一团馅，轻轻地一抖动，正好落在饺子皮中央，只见她手指一闭一合，将饺子皮合为两半，"像这样，两只手虎口将开口挤压合拢，再轻轻地压一压确认不会破就好啦。"妈妈一边说，一边将双手以一个恭喜发财的手势压紧了饺子的边皮。"简单的食材和做法，却蕴含着美味与祝福，正是饺子的特色。"我点着头，学着妈妈的样子，终于成功地包了一个好看的饺子。

# 收 红 包

吃过年夜饭，爸爸和妈妈走进他们的房间一会儿又满面春风地一前一后地笑着走了出来，他们双手都放在身后，一副神秘兮兮的样子，妈妈走到我的身边，将一个大大的红包递到我的面前："这是给你的。祝你在新的一年里学习进步，身体健康，平平安安！"朴实无华的祝福语，虽然少了文学的美感，却因母亲的真挚而更加感人。父亲笑眯眯地拍了拍我的肩："学业次要，健康快乐第一！是不是，宝贝女儿？"父亲的宠爱，让母亲也动容了。我频频点头，连说谢谢。

外面的烟花鞭炮声逐渐变响，变密，2017年终于迎来了它的尾声。

倒计时：三！二！一——新年的钟声敲响了！我和爸爸、妈妈幸福相拥。

无论是贴春联、包饺子、收红包，这些传统的节日习俗，不仅寄语着家人的爱，更是文化的传承。

# 过　年

陈　晨

当第一缕阳光穿透云层，轻嗅着空气中洋溢着新年的气息……

除夕那天，我们回到了老屋，老屋在阳光下变得十分朦胧了，像蒙上了一层厚厚的尘埃，木门上的红漆斑驳，轻轻地触碰都会使它簌簌地掉落。我轻轻推开它，屋子里弥漫着一股往事的味道。

后院里传来了一阵"喵喵"声，走近了，才发现是母亲养的那只慵懒的老猫，它倚着水井小憩，见我来了，也只是懒洋洋地摇摇尾巴。

进了屋子，灰尘在空气中沉浮，母亲戴着口罩仔细地打扫屋子，弟弟在门口安静地看着……除旧迎新，更是一种往事回味。

厨房总是最热闹的，鳜鱼在水桶里奋力地东撞西突，柠檬片抱怨着牛肉的蠢笨，西芹在瓷盘里七嘴八舌地吵着，羊排在案板上嘟囔着没人理睬它。爷爷将莜麦菜择净后放入炒锅里，油烟太浓了，爷爷擦了擦额头上的汗，用筷子夹起一点儿尝尝咸淡，眸子里充满了笑意。

窗外几株碧萝长出了新芽，调皮地缠绕着贴在窗沿上，试图勾勒出新年的另一番模样。

夜幕降临，烟花在天空中唯美地绽放，爆竹声在耳边响起，星辰在夜幕中调皮地闪烁。弟弟好奇地盯着满天的光斑，小手微微向上扬起，似乎想触碰明亮的火花。

母亲从锅里捞出些汤圆，弟弟瞪大了眼睛看着，也许是第一次看见，母亲被这副模样逗笑了，教弟弟说"汤圆"，弟弟似懂非懂，跟着妈妈说"汤圆"。爷爷和爸爸笑谈着，从眉梢间流淌着幸福……

一段回忆，一阵烟花，哪怕一盘莜麦菜，就是这些点点滴滴，串联起了我们的"过年"。

# 对话苏东坡

杨一一

夜渐渐深了，我站在窗前，看着凄清的月光洒落大地，不经想起苏轼的《记承天寺夜游》，在这宁静的夜晚，我与苏轼来了一次彻夜长谈。

苏轼啊，你不愧为唐宋八大家之一，我从你的《记承天寺夜游》中，就能读出许多。你用那区区十八字，便营造出一个月光澄碧、竹影斑驳、幽静迷人的夜景，一如今夜的清辉，如梦、如幻。你用奇妙的想象把月光比作积水，把竹柏影子比作水草，古今中外，有多少文人墨客又能像你这样奇思妙想呢？是的，月光是柔美的，可是在权利与金钱的斗争中，又有几个人能拥有赏月的闲情逸致呢？你就是这样一位闲人，一位知趣高雅的闲人。但你又不似柳宗元等那般悲观，见到"青树翠蔓"就感到"凄神寒骨",在更为凄凉的月色中,你居然能如此乐观,令人钦佩。

你的一生,仕途坎坷,这篇文章只能是你自我的安慰。虽然它没有"休将白发唱黄鸡"般的乐观与豪放,也不如"但愿人长久,千里共婵娟"那般意味深长,但它却真真切切地反映了你抑郁不得志的悲凉心境。可是,你又不愿向命运低头,依然保持着乐观开朗的心态。你的心如那空明的积水,如那一泻千里的月色,你的心中已经达到了宁静淡雅的境界,颇有些"采菊东篱下,悠然见南山"的情调了。

但是,我也曾想过,你是否能摆脱这种困境?答案也许是肯定的,王安石的变法也是为了国家利益着想,那几年,北宋政府国库丰盈,法治也确实好了许多,可你为什么要反对呢?也许,你是出于一位文人的良心和对百姓利益的着想而反对的。王安石变法虽然使北宋政府得到了一定的利益,却加重了百姓们的负担。你为官清廉,爱民如子,也许这也就是你反对的原因。你没有为自己着想,一心为民,才落到如此失魂落魄的境地,可是,这更能反映你的冰清玉洁,光明磊落和胸无尘俗。

也许这就是你,光明磊落、淡泊名利、不屈于权贵的美好品质至今都被传唱。

# 对话苏东坡

陈佳佳

提起苏轼，不禁令人想起他那数不清的诗词佳句，还有他那段传奇的人生。

从小生活在文学世家的他，爱上了写诗，作词，那一首首诗词都是千古绝唱，可岁月弄人，因为与王安石发生矛盾，被贬职到黄州当团练副使，怀才不遇的苏轼在这期间留下了不朽的诗篇。

不禁要问，苏先生，您是怎样化悲痛为力量，写下这一篇篇令人拍案叫绝的诗词的呢？大概是因为豁达的心态吧，身处困境的他有过伤感与忧愁，用写诗词来抒发自己的心情，有时候又借酒浇愁，如《赤壁赋》中的，"人生如梦，一尊还酹江月"，表达了苏轼怀才不遇的悲伤与忧愤。我想说："虽然你身处被贬职的困境，但依然可以写出如此之多的经典佳作，那是何等的文学修养才可以完成的！《念奴娇·赤壁怀古》的绝美佳句，水调歌头的"但愿人长久，千里共婵娟。"

被贬职的日子，不如以前做官时舒坦，但您能写出"何夜无月？何处无竹柏？但少闲人如吾两人者耳"的自嘲，说明了您的心胸豁达，怡然自适。

"十年生死两茫茫，不思量，自难忘。"是谁又让你拉起思念的细线？"青丝白发转眼间，蓦然回首，几许沧桑在心头，空叹年华似水流"，您的豪放与豁达，让我无比敬佩。

虽然您怀才不遇，但我还是想说："世间谤我，攻我，辱我，笑我，轻我，贱我，厌我，骗我，只要忍他，让他，由他，避他，耐他，敬他，不要理他，再待几年，你且看他。"这正如此，虽被世所看轻，但您依然不卑不亢，继续发着只属于您自身的光芒。

# 清 风 荷 影

钱蝶飞

清风徐来，吹淡荷塘雾色。三朵亭亭玉立的白荷立在水中，纤细的茎微微摇曳，无瑕的花瓣片片舒展，细长的金色花蕊簇拥着稚嫩的鹅黄莲蓬。她们，洁似玉，白如雪，光犹绸，清净袅娜，光与影衬出纯洁的倩影。花侧，是两支荷叶。田田如盖的淡青叶面上，脉络分明。一支有些残破，另一只被折断了，也许是"莲动下渔舟"的女子，也许是"偷采白莲回"的小童，也许是"卷地风来忽吹散"的疾风骤雨……又有谁知道呢？虽是如此，可残叶不也是别有风韵的吗？荷叶依旧静侍在花侧。

叶与花的清香，幽幽随风。

# 清 风 荷 影

林 晨

一幅"清风荷影"画映入了眼帘。三朵荷花屹立在似梦的河边。柔和的风含着花香，拂过水面，荷花们如同孩子嬉戏般摇摆着水灵的腰肢，惹得荷叶们弯下了腰。

荷花在风的洗礼下时而变幻着，蒲公英？菊花？向日葵？一切似乎在她们的出场后，变得暗淡无光，连水天一色的蓝色主题曲，也成了她们的背景。而太阳，则是一盏最亮的灯，毫无保留地把光华全部倾泻在她们身上，她们，才是这片天地最夺目的光彩！

她那洁白的身躯孕育着嫩黄色的果实。花瓣张合间，隐隐约约见到了那一簇迷人的花丝。那高贵的荷花完全展现在眼前，让人如痴如醉。

她，出淤泥而不染；它看似平凡，抬首举足间，却充满着神秘的美。

# 清 风 荷 影

陈苏文

"我像只鱼儿在你的荷塘，只为和你守候那皎白月光，游过了四季荷花依然香，等你挽在水中央……"这首凤凰传奇的《荷塘月色》真是朴素见精华。

花如君子，无论在什么画上，她都有着一份摇曳的动态美。《清风荷影》中，三朵荷花并蒂而开，怒放于清风中。荷花素面朝天，——君子都是有一身的傲骨，它的颜色是真切透的纯乳白色，不是瓷片的白，不是涂料的白，更不是梨花的白，那是只属于荷的色彩。南宋画师在绢帛上的精心设色太过厚重，倒是图上的几笔素色更显得荷的真趣。荷不雕饰自己，但莲却不会拒绝欣赏那完全展开的瓣儿，那纤细的茎，那挺立的蓬儿，让你情不自禁地伸手想去感受那儿的纹路，和它的柔韧，却唯恐亵渎了它的高雅。

风中的婆娑，月下的静默，芙蓉向脸，微步凌波。看着图中的荷花向西方守望，其实，它们的根深扎在东方，荷的守望是一种东方的古典与唯美。清风，果真是一奇妙的东西，吹远了荷花，推进了荷叶，凌乱了荷花，勾勒了风韵，那由远而近渐放大，条理清晰，错落有致，却不繁杂的是荷叶吗？细细摩挲时，仿佛真感受到它的清新，叶托了花，花衬了叶。

深息一口，淡淡的清香萦绕心头，"素葩多蒙别艳欺，此花端合在瑶池。无情有恨何人觉，风清欲堕时。"道尽荷的清寂，清风的踪迹在画上看不着，荷花来体现。相辅相成的杰作，在此我抑制不住心中的感触，愿为了画中几瓣多情的水色，一缕清绝的诗魂，做《回旋曲》中垂死的泳者，泅一夏，游到它们身边，可采到的瞬间，荷花幻化朦胧，宛在水中央。荷给我的永远是晶莹的梦，我却不觉中有了它的守望。

采之令人欲遗谁？所思在远道。

荷的所思，亦在远道。

只能守望，醉在清风！

# 清风荷影

张睿洋

流水声从我们耳边轻轻掠过，淡淡地将几缕荷香推至远方。一幅荷塘图，便婀娜多姿地出现在我们眼前。

荷塘的水是不需多深的。有时候悄悄地攀到半截荷梗上，那便美得恰到好处。眼前的荷塘正是如此，不过几尺余的碧水，静静的没有太大风浪。水底的一层淤泥也没有翻涌，透过清澈的水尚可以瞥见几块同样静谧的雨花石。

正是仲夏。荷之全盛。此时无论是什么颜色的荷，都已经抖擞了精神，撑开花瓣，舒展那已蜷缩一春的绿叶。

于是一塘荷便别致、风韵起来。

塘正中一簇，开得最盛，已有了三株荷花，微微弯曲地立在那儿。大概是负重太多，风一起，它们便轻轻地晃动，牵起脚下的荷叶，幽幽地荡开一丛水波，一直荡到塘边，才黯然消失在荷叶下。

令我惊讶不已的，是那花的色泽。全红或半红的我见得多了，但像这种甚至可以说透着晶莹的白，是我没有寻见过的绝品。乍看之下没有什么生气，但是凝视良久，那些高洁之气立刻充满了这一方天地。

花瓣似玉般洁白，而这之间又透着灵动。简直可以说是一种奇迹。但荷塘却又捧出那些荷叶给我们远望。于是愈发地诗情画意起来。你看那几十片荷叶，重叠着向远方伸去。它们之间几乎不再留下一点儿空隙，连塘中的流水也见不着——只听见那悦耳的声响。这倒没有什么遗憾，反而让我感到有人在塘岸边独奏古琴；望不见流水和奏琴人，也因此而觉得这方荷塘灵性超然了。

叶子都是淡淡的浅绿色，极像是有人随手将稀释过水墨泼进塘中，颜色也是与众不同的。这般的淡绿，生机不减，反而没有原先那绿的逼人的气势了；远远望去，与天空，流水合为一体，若是定一定神，你就会在叶面上瞅见那树枝似的叶脉。

最后来的是一阵清风，徐徐地，扫开一块水面，那绰绰的荷影便依稀在塘水里了；花瓣拂开来，里头的花药花丝被我们窥见了。

万籁俱寂的荷塘，显得尤为祥和，但夜也匆匆上来了，那轮明月很快就要到天际边去安慰躁动一天的大地。荷塘的风韵不会少，荷影也可以显得朦胧，但还是走吧，朱自清正踏着煤渣路缓缓地来。

他来了，便是荷塘月色。

# 在 春 天 里

微风吹过，喇叭花沙沙作响。我轻抚着喇叭花，似又看到那位俏生生的女孩儿。她就似那春天，温婉含蓄，给人以幸福，希望，以及一切。

# 家乡的小河

薛家婧

为什么我的眼里满含泪水，因为我对这土地爱得深沉。

——题记

有一泓清泉，它流过深爱着它的故土，也流过我的心田……

家乡的小河，虽不像诗人，画家描绘的那么诱人，但我却爱家乡的小河，就像爱家乡的人那样热烈。家乡的小河，虽没有漓江那么秀，但她有自己独特的风姿，独特的风味。

小河静静地流淌……

清晨，阳光抚摸着大自然的一切。我沿着蜿蜒的小道来到小石桥边。清幽幽的河水从桥下流过，披着薄薄的轻雾流向远方，消失在晨曦之中……

小河，是一条天然的界线。右侧是一望无际的田野。晨曦下，远处朦胧可见几座白墙青瓦的农舍，盘旋上升着的缕缕炊烟……左侧是一片浓郁欲滴的南瓜地。地中伸出一条小径，一直伸向河边的青石板，青石板上有一位农家姑娘在浣洗衣衫。

小河，给这个农村带来朴实无华的昳丽风光。

黄昏，我来到小河边，坐在柳荫下的石头上，细细地欣赏着小河的水色波光。河水真清，清得像天真的少女纯净的眼波，而在城市中，已经很难找到一条像这样清澈的河流了。流水碧色，像是一面玻璃，连河底的游鱼和碎石也历历可数。

看着这样清凌凌地河水，一天的疲劳就会被洗刷殆尽，一切的烦恼也会被荡涤干净。我真想融进这玻璃般的水里，成为空明澄清的河水中的一滴，成为汩汩地唱着歌的河水。

河水日夜流淌。它温情脉脉，像文静的妙龄少女伸出的玉臂；又像执着的人们不停地寻觅，寻觅……

坐在河边，聆听它的汩汩絮语，脑里浮起的遐想，就像脱了缰绳的野马，驰骋不息。

明澈的蓝天静静地躺在河底，仿佛它们已经紧紧地融合了。河边丛丛野花和簇簇细柳，都在对着天然的长镜梳妆。连树叶、花瓣都倒映得清晰分明。碧波摇荡，树影、花影也随之摇摆起来，仿佛大自然在举行盛大的舞会，大家或互相追逐，或紧紧拥抱……

家乡的小河啊！我爱你这朴实无华的美！

无论何时何地，我也不会忘记，因为在我的心里荡漾着一条蓝色的河，血管里流着一股清得难以形容的河水……

# 华罗庚公园

庄敏瑄

自公园扩建以来，我也曾经游玩过好几次，夜间踏足这座公园我却还是第一次。

进入公园，首先映入眼帘的是一条中间大道，以前从来没有仔细看过，大道两旁是几棵郁郁葱葱的梧桐，梧桐树下是两排灯柱，灯柱不断地变幻着色彩，镂空的图案是一团团祥云，随着色彩的变幻，祥云似乎活了起来，几乎要挣脱灯柱的束缚，飞到天上去。

顺着大道拐个弯再一直走，就到了的世纪钟的台座，台座周围没有一丝光亮，我摸黑走入亭内，铜钟的轮廓隐隐约约，我伸出手触摸铜钟，古朴的铜钟上布满了花纹，凭我以前的印象，上面应或是蟠龙，或是祥云，渐渐的，铜钟的形象似乎明朗了起来。我轻轻地敲打铜钟，浑厚而悠远的声音久久回荡着，余音绕梁，像是一个历史老人诉说着自己的过去。

绕过世纪钟再往前走就到了公园的广场，广场周围种着棵棵香樟，从树上垂下的灯带散发着柔和的白光，白光从上至下流动着，像极了流星雨从天上落下，不偏不倚落在树上，树杈间不时闪现的白光，让树的枝杈少了几分锐利，多了几分柔和，与香樟叶的翠绿交相辉映，宛如天成，仰头望了许久，竟忘了时间。

广场中间是几棵参天古木，其中有一棵松树有三人合抱那么粗，站在树下，敬畏之情油然而生，轻轻触摸老树，老树的树皮就像老人皲裂的手掌，纹路分明，坚硬而沧桑，它身上大大小小的伤口无数，更有碗口大的断枝痕记，而这些分布全身的伤痕进一步见证了它走过的岁月，述说着它曾经受过的风吹雨打。

再往前就到了河边的古城墙了，城墙的主体上都铺上了明黄色的灯管，让它的轮廓鲜明地展现在眼前，城门已经翻修过，装上了门闩和门钉，朱红色的大门嵌着金色的门钉，城门顿时显得高大威武了起来。穿过城门就是一座平桥，从桥上看，水流两岸的杨树上同样挂着灯带，杨树的树枝几乎伸进了水里，水中倒映着灯影，好像璀璨的灯火也伸进了水中，一时间竟分不清哪是灯哪是影了。平桥的西边是一座小拱桥，拱桥的桥面上、桥柱上也铺着亮绿色的灯管，灯光时闪时灭，有几秒钟拱桥就像隐入了幽幽的夜色之中，而亮色的水面上却映衬着微白的小桥的拱背，让人联想起乌镇的小桥，就像温婉的桥影映入江南烟雨中，美妙至极。

过桥后我来到一座古色古香的回廊中，回廊里没有不断变化的颜色，只有几盏恰到好处的昏黄宫灯分布在各处，而这恰恰又衬出了回廊的肃穆与庄重。

俗话说："宁可食无肉，不可居无竹。"回廊就很好地利用了翠竹来点缀，回廊的转角都多多少少地栽了几株翠竹，外面透过竹叶只能隐约地看见人影，回廊也因此显得含蓄着许多。回廊的尽头是流光溢彩的"雅约阁"，阁上布满了灿烂的霓虹灯，照得三米见方内亮如白昼，门的两旁是两棵蜡梅，我仿佛能想见下着鹅毛大雪的冬天，透过"雅约阁"镂空的墙壁隐约能看到墙角的蜡梅，厚雪之下仍能香飘十里，真是一绝。

绕园一周我按原路返回，登上护城河城墙顶端，园子美景尽收眼底。城墙上长着枝根盘虬的大树，脚下的城墙百年屹立不倒，也有这大树的功劳吧。城墙底部开满了一盏盏曼珠沙华，之所以用"一盏盏"，是因为它的花瓣向内卷曲，活像古代用于小酌的杯盏，曼珠沙华本是极奢华的花，在柔和的灯光下却显出了矜持和羞涩的一面。

踏出园门回望一眼，公园笼罩在华灯之下。不由想到，不论金坛怎样变化，公园怎样变迁，铜钟、古树、小桥、城墙都在默默注视着这座小城，见证着这座小城勤劳淳朴的人们创造着更美好的未来。

# 华罗庚纪念馆

严龙浚

华罗庚纪念新馆坐落在金坛市城南公园，新颖别致，幽静而庄重，著名数学家华罗庚就在此长眠。

纪念馆建于2005年，2006年11月12日开馆，占地两万五千平方米，建筑面积两千零五十平方米。这一座现代纪念性建筑由东南大学齐康教授设计，圆形的中庭、四角锥形的玻璃天窗和四十五度角插入的外墙，都体现了此建筑有数学的隐喻。馆外墙上镌刻着由李岚清同志题写的"华罗庚纪念馆"几个烫金大字，使得整个纪念馆外观在柔和的太阳光下显得干净整洁而又不失大气。

纪念馆构造独特，其内部装潢更是独具一格。一楼大厅正中内屹立着华罗庚先生的铜像，铜像脸上写满慈祥与智慧。铜像四周鲜花松柏簇拥，简单朴素的白色弧形背景墙烘托出铜像的主体。地面由墨绿色花岗石铺成，隐隐可看到铜像的倒影。上部的天窗设计独特，光线透过天窗形成了漫射效果，使原本强烈的光变得柔和，恰到好处地映照在铜像上。而华罗庚夫妇的合葬骨灰就安置在铜像之后。在大厅的地面和墙上，还有由光束组成的数学公式，通过投影灯显现在人们的面前，时刻带给人们一种浓郁的数学气息。

纪念馆直观展示了华罗庚生活工作情景。不光有大量珍贵的实物原件，如华老生前使用的轮椅、办公桌、手杖、万能尺，以及大量手稿、书信、明信片原件等。还有毛主席写给华老先生的信件手稿和同样是我国著名数学家、与华罗庚教授有深厚师生之情的陈景润教授写的大字，此外，在展厅内，还设有四处趣味数学游戏的触摸屏。

华罗庚纪念馆是江苏省的爱国主义教育基地，多年来，来到这里瞻仰华老先生的人络绎不绝，华罗庚先生也越来越受到人们的尊敬和怀念。

# 城南风景区

冷若冰

城南风景区，是金坛这座小城的一道美丽风景线。

城南风景区四季分明。春有百花争艳，夏有荷叶飘香，秋有凉风送爽，冬有白雪呼唤……其中，我最爱城南风景区的春天。这时是赏花的好时机，迎春花穿上了金黄的圣装，桃花穿上了粉色的长裙，梨花穿上了白色的礼服，杏花穿上了火红的外套，就像是在参加一场时装晚会似的。每一类花儿都换上了新的衣服。柳树姑娘也长出了长发，悠悠地在水边梳理。长发随风飘荡，河里的小鸭子欢快地游来，轻轻地啄着那碧绿的头发，可真是"春江水暖鸭先知"啊！

如果你游玩久了，觉得累了，一路上还有一座座精致的小亭供人休息。那一座座亭子好像一把把小伞，坐落在风景区中。坐在亭子里，抬头可以看见亭子里的许多壁画。壁画的内容繁多，如西厢记、西游记、昭君出塞……每次看到这些栩栩如生的壁画时，总能想起小时候爸爸妈妈指着它们，给我讲过的故事。在这些壁画中，我最喜欢的是那绘着菊花的一幅。每当看到这一幅时，陶渊明田园诗中的句子"采菊东篱下，悠然见南山"便浮现在我的脑海中。

城南风景区不仅仅风景好，而且也有着浓烈的文化氛围。在景区里有段玉裁纪念馆、华罗庚纪念馆、金坛博物馆等。

段玉裁是清代著名文学训诂家、经学家，字若膺，号懋堂，晚年又号砚北居士、长塘湖居士、侨吴老人。他博览群书，著述宏富，由经学以治小学。在小学范围内，又从音韵以治文字训诂。段玉裁所著书，要推《说文解字注》为首屈一指，另有《经韵楼集》等，段玉裁纪念馆建于1984年，位于金坛市城南风景区的愚池。

华罗庚是国际数学大师，中国科学院院士，是中国解析数论、矩阵几何学、典型群、自守函数论等多方面研究的创始人和开拓者。他为中国数学的发展做出了无与伦比的贡献，被誉为"中国现代数学之父"，被列为"芝加哥科学技术博物馆中当今世界八十八位数学伟人之一"。美国著名数学史家贝特曼称："华罗庚是中国的爱因斯坦，足够成为全世界所有著名科学院的院士。"华罗庚纪念馆就是为纪念他而修建。

在这里，可以欣赏自然美景，让人心旷神怡；在这里，可以追寻伟人的足迹，催我奋勇前进！

# 那一片蓝天

陆平宏

冬天，刺骨的风像一把锋利的刀刃，刮得人脸上生凉。而在充满着消毒水味的病房中，我却不感到一丝寒冷，反而有一种强大的责任感遍布全身。

冬初，奶奶生病了，望着在病床上躺着的奶奶，苍白而没有一丝血色的脸颊带着倦意，单薄的身体越发显得瘦弱，从小就和奶奶很亲的我看着奶奶，心如刀绞了一般疼。为了不让爸妈耽误工作，我主动要求放学后来照顾奶奶。

一天，奶奶突然和我说，她想吃苹果。我望着瘦得和木柴一般的奶奶，心想：奶奶因为没有胃口，已经好几天没有好好吃东西了，现在想吃苹果，我无论如何也要让奶奶吃上。于是，我飞快地跑到医院楼下的小卖部，买了两三斤苹果，回到病房，我就拿起水果刀削苹果，可是，我望着手里的苹果，左右翻看，不知该从哪儿削。这时，记忆中的一幕突然出现在我的脑海中，那时，我总是扯着奶奶的衣角要苹果吃的。看着奶奶手中飞快转动的水果刀，和一根不断的苹果皮迅速地与苹果分开，每次都会惊讶，佩服奶奶的本领强大。

我努力地回忆奶奶削苹果的动作，试着将刀口对着苹果皮，一点点地将刀口往前移动。想起来容易，做起来难，只听"啪"的一声，一块果皮连带着一大块果肉掉进了垃圾桶里。我额头上渗出了豆大的汗珠，咬紧了牙，继续一点儿一点儿将刀片往前移，可每一块苹果皮都总会带着果肉一起离开，终于，最后一块果皮也掉落了，我望着手中不成样的苹果，和记忆中奶奶削得光洁圆溜的苹果简直没法比了。我惭愧地将削好的苹果递给奶奶，没想到奶奶笑咪咪地接过苹果，甜甜地啃了起来，嘴里边吃边念叨："孙女长大喽！孙女有用喽！"

我望着奶奶带着皱纹的笑脸，一种强烈的责任感涌上心头，从前是奶奶为我撑起一片快乐的天空，现在我应该为奶奶寻找一片快乐的蓝天。

# 在医院盛开的春天

魏　平

那一年，我得了肺炎，本来是不想住院了，却拗不了妈妈的意思，便随着医生走进病房。

进了病房，我才发觉里面有人。抬眸一看，却是惊了一下：那是个女孩儿，皮肤白得几乎透明，身子娇小，在那般狭窄的病床上也只占小小的一角落。最让人惊叹的还是她的眼睛，不大，但里面却盛满了千万颗星子，顾盼之间，那万千颗星子便随着她的眼神流转，璀璨明媚。她看了我一眼，微笑着朝着我点了点头，并又将头低下，看向桌上的那两条金鱼了。

后来，我才从医生那儿知道了那个女孩儿的事情：她的名字叫

"林天佑"。她的妈妈早产生下她，但是还是婴儿的她却因此落下了心脏病。她的妈妈希望上天能护佑她，因此取了这个名字。就这么个命运坎坷的女孩儿，却一直没有为此而消沉颓废，反倒在积极配合治疗的时候，还像别的孩子借了书本，窝在那狭窄的病房里自学。听着医生眉飞色舞地讲述，我的心却不知为何而闷闷的疼。

很快，我们变成了朋友。越是交谈，我越是发现，她并未因待在病房而变得孤陋寡闻，反而在某些事情的见解上连我也稍感汗颜。一次，她问我："你喜欢喇叭花吗？"

我一愣，看着她充满希冀的神色，默默地将即将要脱口而出的"不喜欢"给吞了回去。我微微一笑："喜欢啊。"她闻言，幸福地笑了："我也喜欢。喇叭花在清晨沐浴着阳光开放，丽日绰约，燕雀啁啾，给人一种充满活力的姿态，真好……"我静静地看着她：苍白的脸上因兴奋染上几许薄薄的红晕，睫毛飞速地扑闪，像极了振翅欲飞的蝴蝶。她那双璀璨的眸中隐隐露出几缕渴望，她是在渴望什么呢？

"以后我一定会成为一个旅行家，去世界各地看世界各地的花。"她一反往日的安静，说着，喋喋不休地说着。我不忍打扰，打扰了这春天般的理想，这春天般的女孩儿。我也笑着打趣："等你成了旅行家去世界各地看花的时候，一定要叫上我哦！"她认真地点了点头："我一定不会忘记的！"

住院期时间前所未有的快，一眨眼便结束了，我也该走了。她笑着下床，帮着我收拾东西。我心中酸涩，脸上却笑得越发明媚："如果你去旅行的时候不叫上我，哼哼……看我怎么收拾你！"她微笑着："好！我忘了谁，也不会忘记你的！"说着，她从窗台上棒下一盆喇叭花："一辈子的朋友！"我已说不出话来，挥了挥手便潇洒地向门外走去，门关上的那一刹那，我却泪流满面。

微风吹过，喇叭花沙沙作响。我轻抚着喇叭花，似又看到那位俏生生的女孩儿。她就似那春天，温婉含蓄，给人以幸福，希望，以及一切。

我只愿春天依旧，而你安然。

# 观察男孩儿的世界

石长峻

## 一

我观察这个男孩儿已经很久了。

早读课，男孩儿欣然成为琅琅书声的一股汇流，念"子在川上曰：逝者如斯夫！不舍昼夜。"；排队时，男孩儿总是队中站得笔直的一个；升旗时，他是唯一那个在国歌奏响时，慷慨激昂唱"起来，不愿做奴隶的人们"的学生，纵使身上聚集了异样的目光也若无其事；下课铃响，他从不和一群男生到厕所聚众闹事，一直坚守阵地，默默地做一名教室的"低头族"；午饭中，男孩儿不像别的男生一样，争先恐后、狼吞虎咽，而是细嚼慢咽，饭毕，从口袋里掏出手纸，擦尽汤汁，再缓步离开；放学，他常常悄然无声地走出教室，几分钟后，窗口的那条小路就会出现他踽踽独行的身影……他总是在恰当的时刻，天衣无缝般避开人们的目光，循规蹈矩如一台精准无误的机器。当我被枯燥无味的生活啃噬得心力交瘁时，他却能在两点一线的运动中时刻保持泰然自若的姿态，我百思不得其解。

## 二

这个男孩儿经常观察我。我不知道他为什么要观察我，但是我发现：我的心态因为他的观察而在悄悄地发生变化。

在我做数学题绞尽脑汁而毫无头绪的时候，他看着我，我从揉成团的草稿纸中发现自己内心的焦躁不安；在下课时，我用大声喧哗减轻自己压力的时候，他盯着我，我从他安静的神态中感受到了宁静的力量；在我写一道简单公式而涂抹再三的时候，他注视着我，突然感觉是我心中有只小鸟正上蹿下跳。

他对我的经常观察，让我渐渐明白：在我们如坐针毡之时，不妨抬起沉重的头，向窗外看看。看那叽喳的鸟，匆匆扑扇双翅，在屋顶上活蹦乱跳，大声地在无处不在的舞台一展歌喉，不管有没有人喝彩；看那千变万化的云，全然不似幼儿园孩子的信手涂鸦，方方正正，一板一眼，而是多了几分肆意和狂野，在风的驱赶下马不停蹄地向前奔波；看那明媚的阳光遍洒大地，今日的花枝，似乎又更比前日招展，更胜昨日妩媚。这时，你就便会发现，世界之广，其实并不局限于眼前所见，更非自己的焦躁而能改变眼前的一切。

## 三

起身，我向男孩儿走去，我要告诉他：谢谢你！你的观察，影响了我对世界的认识。

159

在春天里

# 乡　情

陆一宏

　　今年六月，我回到了自己的家乡，我不由自主地来到瞎奶奶的家门前，那时早已人去楼空。唯独那门前池塘里一池红莲如期盛开。

　　那一池红莲，使我陷入了深深的回忆。那时候的我大概四五岁，我身边没有一个伙伴，很孤单，但那时我却很喜欢去一个地方——瞎奶奶的家。瞎奶奶家门口有一口池塘，那里就像是一个水世界，里面有喜欢嬉戏的小鱼，有身躯如弓的大虾子，还长着红莲和菱角。六七月时，红莲盛开，朵朵红粉如霞很是好看。到了九月至十月，菱角成熟了，有人路过，便会用锄头一蓬一蓬地摸上岸吃。但即使有再多好玩新鲜的东西，我也不敢接近那池塘，因为瞎奶奶每次"见"到我，都叮嘱我，不要接近那池塘，她说那池塘中住着一个可怕的水鬼，它最喜欢吃小孩子，我自然是害怕那水鬼吃了我，但我更想要得到瞎奶奶的奖励，一根甜甜的棒棒糖。

　　每次，我小心地绕过了池塘。池塘边上有一棵泡桐树，上面开着一朵一朵紫色的小花，像一把把紫色的小伞倒挂在枝，喜鹊在枝头上蹦跳，抖落了一瓣一瓣的花，树下面，像被铺上了一层淡紫色的毛毯，轻柔得如同羽毛一般。我很想过去捡一朵花来玩，但一想到瞎奶奶的棒棒糖，便打消了这个念头，加快了步伐，来到瞎奶奶的家门前。说来也奇怪，瞎奶奶虽然看不见，但我每次去她都能知道。她摸索着放下手中的家务活，伸手招我过去，问："小顽皮有没有去池塘里玩水啊？"我回答道："没有"。瞎奶奶高兴了，从她怀里像变魔术一样，拿出了一块方格手帕，左一层，右一层地揭开，里面平躺着一根棒棒糖，瞎奶奶说"来，给小顽皮吃，记住千万不要靠近池塘边呀。" 瞎奶奶不放心地叮嘱再三。糖有些黏糊糊的，我一口含到嘴里，直把小小的心都浸甜了。我含糊地答应了一声，向瞎奶奶笑了笑；瞎奶奶摸了摸我的头也笑了，看着她瘦小的脸像一枚皱褶的核桃。和瞎奶奶在一起的时光，就如那根棒棒糖甜甜地印在我童年的记忆之中。后来，我跟随父母去了城里上学，就再也没有见到瞎奶奶，等我再去时，瞎奶奶已不知去向。

一池红莲，开得红粉乱溅，朵朵摇摆，瞎奶奶对我深深的关心和浓浓的乡情，就像池中红莲一般，成为我生命中一道亮丽而不可失去的风景。

# 我身边我身边的一个老师

李宇楠

在我成长的道路中，有许多伴我长大的好老师。其中感人的镜头，像放电影一样，在我眼前闪过。在我身边，有很多好老师，他们认真负责，伟大无私，像辛勤的园丁，用自己的心血，精心地浇灌着花朵。 不管我们相处的时间长短，他们都以润物细无声的方式在我心底留下了痕迹。

其中，四年级的余老师留给我的印象最深刻。

在她圆圆的脸上，镶嵌着两颗炯炯有神的大眼睛，犹如宝石般闪亮。每当余老师上数学课，我都目不转睛，认真听课，数学成绩名列前茅，也让我很骄傲。没过多久，余老师开始关注我，不久，我就当上了数学科代表。

数学科代表不是那么好当的，经常要收发作业，督促同学们认真完成作业。除此之外，你还要管好自己，做好本分，完成作业。工作中我也犯下了许多错误，但余老师不会批评我，反而跟我谈心，认真地教我要怎么做，以后要怎么改正等等。我很感动，也很感激。谢谢余老师！

那一天，阳光明媚，我背着书包去上学了。在楼道里，我看到了余老师的办公室，想了想我的《指导丛书》，便去老师办公室问个究竟。进门就看见余老师坐在办公桌前，我问妃《指导丛书》改完了没有，我做得怎么样。老师细心的回答了我。第二天，我想起我是数学科代表，就又去问作业。日复一日，周而复始。没过多久，余老师把我看得更重了。

老师，多么出色的灵魂工程师，为一个又一个灵魂插上了理想的翅膀；老师，多么伟大的人格设计者，将一个又一个人格塑造成型。或许，我们不能永远相伴，但你们的影响将是我前进的不竭动力！

# 感谢您，老师

王思元

在学子的花园里，谁是那位辛勤的园丁？在同学们前进的路上，谁是那盏引路的明灯？是老师。老师教会我们知识，教会我们做人，教我们走进社会，还教会我们许许多多……在我的记忆中有一个永远抹不掉的影子，一个既像园丁又像母亲的老师，那是我的启蒙老师——卓老师。

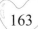

卓老师中等身材，有一双炯炯有神的大眼睛，短头发，高鼻梁，戴着一副亮闪闪的圆框眼镜，嘴里似乎有说不完的知识。卓老师像个"两面派"似的，上课时很严厉，下课就像变了个人似的，温柔随和，有时还会讲笑话给我们听，我们都很喜欢卓老师。

卓老师教学生动，幽默风趣，引人入胜。有一次，卓老师给我们讲对称图形。老师讲得绘声绘色，我们听得津津有味。突然，卓老师停下来，对我们说："我们来做个游戏，怎么样？""好！"全班同学齐声答道。接着，卓老师请两位同学到讲台上去，叫他们一个扮演在照镜子的人，另一个扮演镜子里的人。只见第一位同学举起右手，第二位同学举起左手；第一位同学摸左耳朵，第二位同学摸右耳朵。卓老师说："其实，对称图形也是这个概念，对称轴两边的图形大小相同，方向相反，你左，我右；你上，我也上；你进，我也进；你退，我也退。"我们恍然大悟。看，卓老师总有办法把枯燥的知识教得有趣，让我们学得轻松，学得扎实。课堂上，随着卓老师的神情，我们时而低头沉思，时而神采飞扬，时而露出微笑……

卓老师无微不至地关心着我们。有一次，临近期末考试时，我得了严重的感冒不能上学，我十分着急，心想：现在临近期末复习阶段了，老师讲的内容我就落下了许多，该怎么办呢？我正在发愁着呢！只听得外面门铃响，我想：爸爸妈妈都在上班，会是谁按门铃呢？我开了门，一个熟悉但却意想不到的人出现在我的面前——卓老师！她为什么会来？正当我疑惑不解的时候，卓老师已经把我扶到卧室里了。她说："这两天的功课落下了吧，心里一定很着急了，来，我给你补补……"我连忙起身，卓老师把我一把按住，说："你的病还没好，你就躺着听吧。"

因为临近期末，所以老师总是一次性上半天课，卓老师早上刚下课，还来不及喝一口水就匆匆赶来给我补课，听着那略带沙哑的声音产，我的鼻子一阵酸溜溜的。我认真地听着，大约讲了一个小时了吧，卓老师终于给我把落下的功课补好了，临走时还不忘道一句：祝你早日康复。我看着卓老师匆匆离去的背影，眼里隐约有泪光闪现……

我在心里默默地喊一句：老师，您辛苦了！您永远是我心目中的好老师！

# 我身边的一个老师

余诗琪

岁月悠悠，时光飞快一眨眼，从上幼儿园闹着要爸爸妈妈的小孩成了六年级的毕业班了。老师对我的照顾，我铭记在心。其中我影响最深的是我的谭老师。

谭老师是一个严格中带的一丝幽默，爱生如子的一名好老师。谭老师的脸圆圆胖胖的，虽然不如年轻女教师的貌美但谭老师的脸反而更加的有一种亲切感；谭老师的笑容十分的甜蜜而可爱。

说道谭老师想到的是她的责任心与坚持不懈的精神。来到学校总是可以看到谭老师与同学们一同在打扫着卫生区，一年四季，不管风吹还是雨打，都可以看到谭老师劳动的身影。

记得开学初的集会上，我们班的罗咏琪同学因为在阳光下站太久了，晕了过去。一开始，谭老师感到不对劲，立马把罗咏琪同学紧紧地抱在怀里，不让罗咏琪同学摔到地板上去。罗咏琪同学住院了，谭老师隔三差五的和罗咏琪同学的家长打电话，问候罗咏琪同学的身体健康。

谭老师的自我奉献精神感染了我。那次，因为运动会的长绳比赛，谭老师经常会在活动课指导我们练习。谭老师甩着甩着，一不小心绳子钩到了指甲，顿时谭老师的手充满了鲜血。我们围了上去，问着谭老师有没有事，谭老师说没事，我的心里顿时明白谭老师是不为了我们担心才说的，指甲壳断了鲜血直流难道不会痛吗？谭老师去了医务室，走前还对我们说要加油练习。

而这几个星期打扫卫生的时候，谭老师的眼睛里掉进了蜘蛛网。谭老师的眼睛一痛就是整个头部的疼痛。医生说应该要住院休息，但谭老师一想我们快要考试了不能耽误课程，顶着疼痛坚持来给我们上课，前段时间都熬得眼睛通红。

谭老师的种种难道你不会赞叹吗？谭老师的精神难道不值得我们去学习吗？谭老师是一个伟大而无私的老师，这种老师是我们要用心去尊重的教师。

166